Leben in Fülle

Neuauflage 2022

Titel der Originalausgabe:
Thoughts From the Mount of Blessing
von Ellen Gould White

Daimlerstrasse 12
D 73635 Rudersberg

Printed in Germany

ISBN: 978-3-939979-35-7

Inhalt

»DIE WORTE, DIE ICH ZU EUCH REDE, SIND GEIST UND SIND LEBEN.« Johannes 6,63

Vorwort

»Ich bin gekommen, damit sie das Leben haben und es im Überfluss haben.« Johannes 10,10

Die Bergpredigt ist der Segensspruch des Himmels über die Erde – eine Stimme vom Thron Gottes. Sie wurde der Menschheit gegeben, um für sie eine Pflichtregel zu sein und als Licht des Himmels; für sie Hoffnung und Trost in Verzweiflung, Freude und Trost in allen Lebenslagen zu sein. An diesem Ort sprach der Fürst der Prediger, der Meisterlehrer, die Worte aus, die Ihm der Vater gab.

Die Segenssprüche sind der Gruß Christi; nicht nur für die, die glauben, sondern für die ganze Menschheit. Für einen kleinen Moment scheint Er vergessen zu haben, dass Er in der Welt ist und nicht im Himmel und Er benutzt die vertraute Aussprache aus der Welt des Lichts. Von seinen Lippen sprudelte der Segen wie ein lang versiegter Strom voller Leben hervor.

Christus lässt uns über die Charaktereigenschaften nicht im Zweifel, die Er immer anerkennen und segnen wird. Er wendet sich von den ehrgeizigen Lieblingen der Welt ab und wendet sich an die, die von ihnen verleugnet werden und segnet alle, die sein Licht und Leben empfangen. Er spricht zu den geistlich Armen, den Sanftmütigen, den Kleinen, den Traurigen, den Verachteten, den Verfolgten und öffnet seine rettenden Arme: »Kommt her zu mir alle, … ich will euch erquicken.« Matthäus 11,28

Christus schaut auf das Elend dieser Welt ohne Anzeichen von Bedauern, dass Er die Menschen geschaffen hat. Im Herzen der Menschen sieht Er mehr als Sünde, mehr als Elend. In seiner unendlichen Weisheit und Liebe sieht Er die Möglichkeiten des Menschen, die Größe, zu der der Mensch gelangen kann. Er weiss, obwohl die Menschen ihren Segen missbraucht und ihre gottgegebene Erhabenheit zerstört haben, dass der Schöpfer durch die Erlösung der Menschen verherrlicht werden wird.

Die Worte, die Christus auf dem Berg der Seligpreisungen sprach, erhalten ihre Kraft alle Zeit hindurch. Jeder Satz ist ein Juwel aus der Schatzkammer der Wahrheit. Die deutlich ausgesprochenen Grundsätze in dieser Predigt gelten für alle Zeitalter und für alle Menschen. Mit göttlicher Kraft drückte Christus seinen Glauben und seine Hoffnung aus, als Er eine Menschengruppe nach der anderen für gesegnet erklärte, weil sie einen gerechten Charakter entwickelt hatten. Indem wir das Leben des Lebensspenders durch Glauben in Ihm leben, kann jeder den Standard erreichen, der in Seinen Worten hochgehalten wird.

Ellen Gould White

Am Abhang des Berges

»ALS ER ABER DIE VOLKSMENGE SAH, STIEG ER AUF DEN BERG; UND ALS ER SICH SETZTE, TRATEN SEINE JÜNGER ZU IHM. UND ER TAT SEINEN MUND AUF.« Matthäus 5,1.2

Vor mehr als vierzehnhundert Jahren vor der Geburt Christi in Bethlehem hatten sich die Israeliten in dem lieblichen Tal von Sichem versammelt. Und während sie in feierlicher Stille den Stimmen der Priester zuhörten, die Segen und Fluch verkündeten, ertönte von beiden Seiten des Berges: »Den Segen, wenn ihr gehorcht den Geboten des Herrn, eures Gottes ... den Fluch aber, wenn ihr nicht gehorchen werdet.« 5. Mose 11,27.28 Deshalb wurde er der Berg der Segnungen genannt. Die Worte, die über eine Welt der Sünde und des Elends Segen brachten, sind nicht auf dem Berg Garizim gesprochen worden. Israel erreichte das ihm gesteckte hohe Ziel nicht. Ein anderer als Josua musste sein Volk zur wahren Ruhe des Glaubens bringen. Nun war nicht mehr der Berg Garizim der Berg des Segens, sondern dieser ungenannte Berg am See Genezareth, auf dem Jesus die Seligpreisungen vor seinen Jüngern und einer großen Zuhörermenge sprach.

Wir wollen uns in Gedanken an jenen Ort begeben, mit den Jüngern am Abhang sitzen und uns in die Gedanken und Empfindungen vertiefen, die sie erfüllten. Wenn wir verstehen, was die Worte Jesu seinen Zuhörern bedeuteten, können auch wir in ihnen neues Leben und neue Schönheit finden, und ihr tiefer Sinn wird sich uns auftun.

Als der Heiland seine Lehrtätigkeit begann, war das Volk wegen der allgemeinen Vorstellungen vom Messias und seinem Werk nicht in der Lage, Ihn aufzunehmen. Der Geist der Gottesweihe war durch Überlieferungen und Formenwesen verlorengegangen; die Aussagen der Propheten wurden nach den Wünschen stolzer und weltlich gesinnter Herzen ausgelegt. Die Juden erwarteten den kommenden Messias nicht als einen Erretter von Sünde, sondern als mächtigen Fürsten, der alle Völker unter die Herrschaft des Löwen vom Stamme Juda zwingen würde. Vergeblich hatte Johannes der Täufer sie mit erschütternder Kraft wie bei den alten Propheten zur Buße gerufen; vergebens hatte er am Jordan auf Jesus als das Lamm Gottes, das der Welt Sünde trägt, hingewiesen. Obwohl Gott ihre Gedanken auf die Weissagungen Jesajas vom Leiden des Heilandes zu lenken versuchte, wollten sie nicht hören.

Hätten sich die Lehrer und Obersten in Israel der umwandelnden Gnade Christi anvertraut, so hätte Er sie zu seinen Gesandten an die Menschen berufen. In Judäa war zuerst der Anbruch des Reiches verkündigt worden und die Aufforderung zur Buße ergangen. Als Jesus Käufer und Verkäufer aus dem Tempel in Jerusalem trieb, offenbarte Er sich selbst als Messias, als den, der auch die Seele von der Befleckung der Sünde reinigen und sein Volk zu einem heiligen Tempel Gottes machen wollte. Aber die jüdischen Obersten wollten sich nicht dazu herablassen, den demütigen Lehrer aus Nazareth anzunehmen. Schon während seines zweiten Besuches in Jerusalem wurde Er beim Hohen Rat angeklagt, und nur die Furcht vor dem Volk hielt die

Führer davon ab, Hand an ihn zu legen. Hierauf verließ Er Judäa und übte seine Lehrtätigkeit in Galiläa aus.

Nachdem Er dort einige Monate lang gewirkt hatte, hielt Er die »Bergpredigt«. Die Botschaft: »Das Himmelreich ist nahe herbeigekommen!« Matthäus 4,17 war durch das ganze Land gegangen, hatte die Aufmerksamkeit der Menschen gefesselt und die Flammen ihrer ehrgeizigen Hoffnungen entfacht. Der Ruf des neuen Lehrers war sogar über die Grenzen Palästinas hinausgedrungen, und ungeachtet des Verhaltens der Priesterschaft, hatte sich die Meinung verbreitet, dass dieser der langersehnte Befreier sei. Jesus war bei jedem Schritt von einer Menschenmenge umringt, die von Begeisterung hingerissen war.

Für die Jünger, die in so enger Gemeinschaft mit Christus gestanden hatten, war die Zeit gekommen, tiefer in seine Gedanken einzudringen, damit diese große Menge nicht – wie Schafe ohne Hirten – unversorgt bliebe. Einige der Jünger hatten sich schon zu Beginn seines Lehramts eng an Ihn angeschlossen, und beinahe alle waren durch ähnlich innige Bande wie die der Familie miteinander verbunden. Trotzdem hegten sie, irregeführt durch die Lehren der Rabbiner, die allgemeinen Erwartungen eines irdischen Königreiches. Sie verstanden die Handlungsweise Jesu nicht. Schon oft hatten sie sich gewundert, dass Er keine Mühen machte, seine Stellung durch Priester und Rabbiner zu stärken; dass Er nichts tat, seine Macht als irdischer König zur Geltung zu bringen. An diesen Jüngern musste noch Großes geschehen, ehe sie zur Übernahme der heiligen Pflicht bereit waren, die sie nach der Himmelfahrt Christi übernehmen sollten. Aber sie hatten die Liebe Jesu erwidert, und obwohl sie auch schwerfällig im Glauben waren, sah Jesus in ihnen doch die, die Er für sein großes Werk heranbilden konnte. Sie waren lange genug mit Ihm zusammen gewesen, um schon etwas im Glauben an die Göttlichkeit seiner Sendung gegründet zu sein. Auch das Volk hatte Beweise seiner Macht gesehen, die nicht in Frage gestellt werden konnten. Der Weg war vorbereitet zur Verkündigung der Grundsätze seines Reiches, die ihnen helfen sollten, dessen Beschaffenheit zu erkennen.

Auf einem Berg nahe dem Galiläischen Meer hatte Jesus die Nacht allein im Gebet für diese Auserwählten zugebracht. Bei Tagesanbruch rief Er sie zu sich und legte unter Gebet segnend seine Hände auf ihre Häupter, um sie für das Werk des Evangeliums abzusondern. Dann ging Er mit ihnen an das Ufer des Sees, wo sich schon frühmorgens eine große Menschenmenge versammelte.

Außer der bekannten Menge aus den galiläischen Städten waren dort viele aus Judäa und selbst aus Jerusalem anwesend; ferner von Peräa, von den halbheidnischen Einwohnern der zehn Städte, von Idumäa, südlich von Judäa, und von Tyrus und Sidon, den phönizischen Städten am Ufer des Mittelländischen Meeres. »Eine große Menge, die seine Taten hörte, kam zu Ihm.« Markus 3,8 – »eine große Menge... die da gekommen war, Ihn zu hören und dass sie geheilt würde von ihren Krankheiten... denn es ging Kraft von Ihm aus und heilte alle.« Lukas 6,17-19.

Weil die Stimme des Herrn wegen des schmalen Gestades nicht zu allen dringen konnte, die Ihn hören wollten, ging Jesus zum Abhang des Berges zurück. Als Er einen ebenen Platz erreicht hatte, der zur Versammlung der großen Menge geeignet war, setzte Er sich nieder; die Jünger und das Volk folgten seinem Beispiel.

Mit dem Eindruck, dass etwas Besonderes zu erwarten sei, hatten sich die Jünger dicht bei ihrem Herrn niedergelassen. Durch die Vorgänge am Morgen hatten sie die Überzeugung gewonnen, dass eine Ankündigung zu erwarten war, die ihnen, wie sie allgemein glaubten, die Verwirklichung des Reiches Gottes in unmittelbare Nähe rücken müsste. Auch die Menge war voller Erwartung und harrte mit Spannung der kommenden Stunden.

Während sie, auf die Verkündigung des göttlichen Lehrers wartend, am grünen Bergabhang saßen, erfüllten Gedanken an die zukünftige Herrlichkeit ihre Herzen. Schriftgelehrte und Pharisäer hielten nach dem Tag Ausschau, an dem sie die Herrschaft über die verhassten Römer und die Reichtümer und die Pracht des großen Weltreiches besäßen. Die armen Bauern und Fischer hofften die Zusicherung zu hören, dass ihre elenden Hütten in reiche Paläste, ihr Leben der Kargheit, der Mühsal und der Sorgen, in Tage der Bequemlichkeit verwandelt würden. Sie hofften, Christus werde ihnen statt des einzigen groben Gewandes, das am Tag ihre Kleidung und in der Nacht ihre Decke bildete, die wertvollen Kleider ihrer Eroberer geben.

Alle Herzen waren von der stolzen Hoffnung durchdrungen, dass Israel bald als erwähltes Volk des Herrn vor allen Völkern geehrt und Jerusalem zur Hauptstadt eines weltumfassenden Königreiches erhoben werden würde.

Die Seligpreisungen

»Und Er tat seinen Mund auf, lehrte sie und sprach: Selig sind, die da geistlich arm sind; denn das Himmelreich ist ihr.« Matthäus 5,2.3

Das kam der staunenden Menge fremd und neuartig vor. Solche Lehren stehen im Gegensatz zu allem, was sie je von den Priestern und Rabbinern gehört haben. Sie finden darin nichts, was ihrem Stolz schmeicheln oder ihre ehrgeizigen Hoffnungen nähren könnte. Aber dieser neue Lehrer besitzt eine Kraft, die sie in Bann hält. Wie die Blume ihren Duft spendet, so weht in seinem Bereich die Süße göttlicher Liebe. Seine Worte fallen »wie der Regen auf die Aue, wie die Tropfen, die das Land feuchten«. Psalm 72,6 Alle spürten unwillkürlich, dass hier einer ist, der die Geheimschrift der Seele entziffert, dabei aber mit großem Feingefühl in den Einzelnen eindringt. Ihre Herzen tun sich ihm auf, und während sie lauschen, offenbart ihnen der Heilige Geist die Bedeutung der Lehre, die der Menschheit allezeit so sehr not tut.

Zu Christi Zeiten hielten sich die religiösen Führer des Volkes für reich an geistlichen Schätzen. Das Gebet des Pharisäers »Ich danke dir, Gott, dass ich nicht bin wie die andern Leute« Lukas 18,11 drückte die Einstellung dieser Berufsgruppe sowie eines großen Teiles des ganzen Volkes aus. Aber unter der Menge, die den Herrn umgab, befanden sich doch einige, die sich ihrer geistlichen

Armut bewusst waren. Als bei dem wunderbaren Fischzug die göttliche Macht Christi offenbar geworden war, fiel Petrus dem Heiland zu Füßen und rief: »Herr, gehe von mir hinaus! Ich bin ein sündiger Mensch.« Lukas 5,8 So gab es auch unter denen, die auf dem Berg versammelt waren, die in seiner heiligen Gegenwart spürten, dass sie »elend und jämmerlich, arm, blind und bloß« Offenbarung 3,17 seien, und die für sich die »heilsame Gnade Gottes« Titus 2,11 ersehnten. In solchen Menschenseelen erweckten die Einleitungsworte Christi Hoffnungen; sie sahen, dass ihr Leben unter dem Segen Gottes stand.

Jesus hatte den Segenskelch denen angeboten, die glaubten, sie seien reich und hätten gar satt und bedürften nichts Offenbarung 3,17; aber sie hatten diese köstliche Gabe verachtet. Wer sich vollkommen fühlt, wer sich für gut genug hält und mit seinem Zustand zufrieden ist, strebt nicht danach, Teilhaber der Gnade und Gerechtigkeit Christi zu werden. Der Stolze fühlt keinen Mangel und verschließt deshalb sein Herz für Christus und dem unermesslichen Segen, den Er schenken möchte. In einem solchen Herzen ist kein Raum für Jesus. Wer in seinen eigenen Augen als reich und ehrenwert erscheint, kann nicht im Glauben bitten, somit auch nicht den Segen Gottes empfangen. Er fühlt sich satt und geht deshalb leer hinweg. Diejenigen aber, die wissen, dass sie sich nicht selbst retten, noch irgendeine gerechte Tat aus sich vollbringen können, werden die Hilfe Christi schätzen, die Er gewähren kann. Sie sind die geistlich Armen, die Er selig preist.

Wem Christus vergibt, den führt er zur Reue; ihn aber der Sünde zu überführen, vollbringt der Heilige Geist. Wessen Herz durch den Geist Gottes bewegt wird, der sieht, dass nichts Gutes in ihm ist. Er erkennt, dass alles, was er bisher getan hat, von Sünde und vom eigenen Ich durchsetzt war. Gleich dem armen Zöllner, bleibt er von ferne stehen, wagt auch nicht, seine Augen aufzuheben gen Himmel, und sagt: »Gott, sei mir Sünder gnädig« Lukas 18,13 und er empfängt Segen. Der Bußfertige wird Vergebung erlangen, denn Christus ist »Gottes Lamm, welches der Welt Sünde trägt«. Johannes 1,29 Gottes Verheißung lautet: »Wenn eure Sünde auch blutrot ist, soll sie doch schneeweiß werden, und wenn sie rot ist wie Scharlach, soll sie doch wie Wolle werden.« Jesaja 1,18 »Ich will euch ein neues Herz und einen neuen Geist in euch geben ... Ich will meinen Geist in euch geben.« Hesekiel 36,26.27

Von den geistlich Armen sagt Christus: »Das Himmelreich ist ihr.« Dieses Reich ist nicht, wie Christi Zuhörer damals annahmen, ein zeitliches oder irdisches Reich. Christus erschloss ihnen das geistige Reich seiner Liebe, seiner Gnade, seiner Gerechtigkeit. Das Kennzeichen der Herrschaft Christi in uns ist unsere Ähnlichkeit mit dem Menschensohn. Seine Untertanen sind die geistlich Armen, die Demütigen, die um der Gerechtigkeit willen Verfolgten. »Das Himmelreich ist ihr.« Wenn sie auch noch nicht vollkommen sind, hat doch in ihnen das Werk begonnen, das sie »zu dem Erbteil der Heiligen im Licht« Kolosser 1,12 tüchtig machen wird.

Alle, die sich ihrer tiefen seelischen Armut bewusst sind und spüren, dass in ihnen nichts Gutes ist, können im Aufschauen auf Jesus Gerechtigkeit und Kraft erlangen.

Er sagt: »Kommt her zu mir alle, die ihr mühselig und beladen seid.« Matthäus 11,28 Er bietet an, unsere Armut gegen die Schätze seiner Gnade einzutauschen. Wir sind der Liebe Gottes nicht wert; aber Christus, unser Bürge, ist ihrer würdig und völlig imstande, alle zu retten, die zu Ihm kommen. Was du auch immer hinter dir haben magst, wie entmutigend deine gegenwärtige Lage auch sein mag, wenn du dich Jesus nahst, so wie du bist, schwach, hilflos und elend, kommt dir unser mitleidiger Heiland weit entgegen, schließt dich in seine Liebesarme, hüllt dich in das weiße Kleid seiner Gerechtigkeit und führt dich zum Vater. Er bittet für uns bei Gott, wobei Er sagt: Ich habe den Platz des Sünders eingenommen; siehe nicht dies verirrte Kind an, sondern mich. Wenn Satan wütend gegen uns streitet, wenn er uns wegen unserer Sünden beschuldigt und uns als seine Beute beansprucht, redet das Blut Christi noch mächtiger für uns. »Im Herrn habe ich Gerechtigkeit und Stärke ... Im Herrn wird gerecht werden Israels ganzes Geschlecht und wird sich seiner rühmen.« Jesaja 45,24.25

»Selig sind die, die da Leid tragen; denn sie sollen getröstet werden.« Matthäus 5,4

Mit dem Leidtragen ist hier das aufrichtige Bekümmertsein des Herzens über die Sünde gemeint. Jesus sagte: »Wenn ich erhöht werde von der Erde, so will ich alle zu mir ziehen.« Johannes 12,32 Wer auf den am Kreuz erhöhten Heiland blickt, wird die Sündhaftigkeit der Menschen erkennen. Es wird ihm zur Gewissheit, dass der Herr der Herrlichkeit durch die Sünde gegeißelt und gekreuzigt wird; er sieht ein, dass er in seinem Leben, obwohl er mit unaussprechlicher Zärtlichkeit geliebt wurde, ständig

Undankbarkeit und Ungehorsam an den Tag legte. Er hat seinen besten Freund verworfen, des Himmels kostbare Gabe verschmäht. Er hat den Sohn Gottes erneut gekreuzigt, sein wundes Herz abermals verletzt. Er ist durch den dunklen Abgrund der Sünde von seinem Gott getrennt und steht mit zerknirschtem Herzen traurig allein.

Solche Leidtragenden »sollen getröstet werden«. Gott offenbart uns unsere Schuld, damit wir zu Christus fliehen, durch Ihn von den Fesseln der Sünde befreit werden und uns der Freiheit eines Gotteskindes erfreuen können. Bei aufrichtiger Buße können wir zum Fuß des Kreuzes kommen und all unsere Lasten dort abwerfen.

Die Worte des Heilandes sind eine tröstliche Botschaft für die Leidenden und Trauernden. Unsere Leiden kommen nicht von ungefähr; »denn nicht aus Lust plagt und betrübt Er [Gott] die Menschenkinder«. Klagelieder 3,33 Wenn Gott Leiden zulässt, so ist es »zu unserm Besten, auf dass wir an seiner Heiligkeit Teil erlangen«. Hebräer 12,10 Jedes Leiden, scheint es auch noch so hart und bitter, muss dem zum Segen dienen, der es gläubig trägt. Ein schwerer Schlag, der die irdischen Freuden zunichte macht, kann zum himmlischen Wegweiser werden. Viele hätten den Herrn nie erkannt, wenn nicht Leid sie dazu veranlasst hätte, bei Ihm Hilfe und Trost zu suchen.

Die Prüfungen des Lebens sind Gottes Arbeiter, die alle Unreinheiten und Rauheiten unseres Lebens entfernen sollen. Das Behauen und Meißeln, Glätten und Polieren ist freilich schmerzhaft. Es ist hart, in die Schleifmühle gebracht zu werden; aber der Baustein geht daraus wohlzubereitet hervor, um seinen Platz im göttlichen Tempel einzunehmen. Auf nutzlosen Werkstoff verwendet der Herr keine so sorgsame, gründliche Arbeit; nur kostbare Steine werden geschliffen, wie man sie zu einem prächtigen Bauwerk verwendet.

Der Herr wird an allen denen wirken, die Ihm vertrauen. Die Treuen werden herrliche Siege erringen, treffliche Lehren empfangen und wertvolle Erfahrungen machen.

Unser himmlischer Vater lässt die von Kummer Gebeugten niemals unbeachtet. »David aber ging den Ölberg hinan und weinte, und sein Haupt war verhüllt, und er ging barfuß.« 2.Samuel 15,30 Da sah Gott mitleidsvoll auf ihn herab. Der in das Trauerkleid gehüllte David war in Gewissensnot. Die äußeren Zeichen der Demütigung zeugten von seiner Reue. Unter Tränen und mit Worten eines innerlich Zerschlagenen legte er seine Lage Gott dar und der Herr verließ seinen Knecht nicht. Nie schätzte David die ewige Liebe mehr, als er durch die Flucht vor seinen Feinden, die sein eigener Sohn zur Empörung verführt hatte, sein Leben in Sicherheit bringen musste. Der Herr sagt: »Welche ich lieb habe, die strafe und züchtige ich. So mache dich auf und tue Buße!« Offenbarung 3,19 Christus richtet das geängstigte Herz auf und läutert das niedergeschlagene Gemüt, bis es zu seiner Wohnung wird.

Aber wie viele von uns sind in Stunden der Trübsal wie Jakob? Wir meinen die Feindeshand zu spüren und ringen zwecklos in der Dunkelheit, bis unsere Kraft dahin ist, ohne dass wir Trost und Freiheit erlangt hätten. Bei Tagesanbruch offenbarte die göttliche Berührung Jakob den, mit dem er gerungen hatte – den Engel des Bundes. Weinend und hilflos sank er dem ewig Liebenden an die Brust, um den Segen zu empfangen, nach dem seine Seele verlangte. Auch wir müssen lernen, dass Leiden Wohltaten sind, dass wir die Züchtigungen Gottes nicht verachten und dass wir nicht mutlos werden sollen, wenn Er uns heimsucht.

»Selig ist der Mensch, den Gott zurechtweist; ... Er verletzt und verbindet; Er zerschlägt, und seine Hand heilt. In sechs Trübsalen wird Er dich erretten, und in sieben wird dich kein Übel anrühren.« Hiob 5,17-19 Zu jedem Zerschlagenen kommt Jesus mit seinem Heil. Ein Leben der Verlassenheit, des Schmerzes und der Leiden wird durch herrliche Offenbarungen seiner Gegenwart erhellt.

Es ist nicht der Wille Gottes, dass wir mit wundem und brechendem Herzen in stummem Schmerz gebeugt bleiben, sondern Er will, dass wir über uns in sein liebevolles Angesicht schauen. Der segnende Heiland steht bei vielen, deren Sicht so von Tränen verschleiert ist, dass sie Ihn nicht erkennen. Er sehnt sich danach, unsere Hand zu ergreifen und uns zu führen, wenn wir uns in kindlichem Vertrauen auf ihn verlassen. Sein Herz ist für unseren Kummer, unsere Leiden und Sorgen immer offen; Er hat uns stets mit unendlicher Liebe und reicher Güte umgeben. Wir können unser Herz in Ihm ruhen lassen und uns in seine große Güte versenken. Er wird die Seele aus den täglichen Sorgen und Schwierigkeiten hinweg in das Reich des Friedens versetzen. Denkt daran, ihr Kinder des Leidens und des Kummers, und seid fröhlich in Hoffnung! »Unser Glaube ist der Sieg, der die Welt überwunden hat.« 1.Johannes 5,4

Selig sind auch jene, die mit Jesus aus Mitleid über die sündige Welt und ihre Leiden weinen; denn solche Traurigkeit ist nicht mit Gedanken an das eigene Ich vermischt. Jesus war ein Mann der Schmerzen und ertrug unbeschreibliche Herzenspein. Seine Seele war durch die Übertretungen der Menschen verwundet und zerrissen. Er wirkte mit aufopferndem Eifer, um das Elend und die Not der Menschheit zu lindern; es jammerte Ihn, wenn Er die Menschenmenge ansah, die sich weigerte, zu Ihm zu kommen und ewiges Leben zu empfangen. Alle wahren Nachfolger Christi werden dieselbe Erfahrung machen. Wenn sie seine Liebe genießen, werden sie auch mit Ihm für das Heil der Verlorenen wirken. Sie werden Anteil haben an Christi Leiden, aber auch an seiner Herrlichkeit, die geoffenbart werden soll. Weil sie mit Ihm eins sind in seinem Werk und wie Er den Kelch des Leidens trinken, werden sie auch an seiner Freude teilhaben.

Jesus wurde durch Leiden befähigt, ein Tröster zu sein; alle Not der Menschheit hat auch Ihn gequält und »worin Er selber gelitten hat und versucht ist, kann Er denen helfen, die versucht werden«. Hebräer 2,18; Jesaja 53,10 Hierzu sind aber auch alle berufen, die in die Gemeinschaft seiner Leiden treten. »Denn gleichwie wir des Leidens Christi viel haben, so werden wir auch reichlich getröstet durch Christus.« 2.Korinther 1,5 Der Herr schenkt den Leidtragenden besondere Gnade, durch deren Kraft Herzen schmelzen und Seelen gewonnen werden. Seine Liebe öffnet den Weg zu verwundeten und zerschlagenen Herzen und wird den Trauernden zum heilenden Balsam. »Der Vater der Barmherzigkeit und Gott allen Trostes, der uns tröstet... in allerlei Trübsal, mit dem Trost, mit dem wir selber getröstet werden von Gott.« 2.Korinther 1,3.4

»SELIG SIND DIE SANFTMÜTIGEN; DENN SIE WERDEN DAS ERDREICH BESITZEN.« Matthäus 5,5

Die Seligpreisungen bilden in ihrer Reihenfolge eine aufsteigende Linie christlicher Erfahrungen. Wer wegen der Sünde

Leid getragen hat, wer mit Christus in der Leidensschule war, wird auch von dem göttlichen Lehrer Sanftmut lernen.

Geduld und Sanftmut gegenüber dem Unrecht hielten weder Heiden noch Juden für angebracht. Von Mose war unter dem Einfluss des Heiligen Geistes zwar niedergeschrieben worden, dass er der sanftmütigste Mensch auf Erden gewesen sei. 4.Mose 12,3 aber das galt unter seinen Zeitgenossen wenig. Sie hatten für solche Gemütsäußerungen nur Mitleid oder gar Verachtung übrig. Bei Jesus dagegen gehört die Sanftmut zu den ersten Bedingungen zum Eintritt ins Himmelreich. In seinem eigenen Leben und Wesen ist die göttliche Schönheit dieser herrlichen Tugend offenbart.

Jesus, der Abglanz der Herrlichkeit seines Vaters, sah »doch das Gleichsein mit Gott nicht als einen gewaltsam festzuhaltenden Raub an; nein, Er entäußerte sich selbst (seiner Herrlichkeit), indem Er Knechtsgestalt annahm«. Philipper 2,7 Er war bereit, alle Niederungen des Lebens zu durchschreiten, und wandelte unter den Menschenkindern nicht als ein König, der Ehre verlangt, sondern als einer, dessen Sendung es war, andern zu dienen. Er war nicht engstirnig und auch nicht kaltherzig. Der Erlöser der Welt hatte ein größeres Wesen als die Engel; aber seine göttliche Größe war von Sanftmut und Demut durchwebt, so dass Er alle Menschen anzog.

Jesus entäußerte sich selbst. In all seinem Tun trat sein eigenes Ich nicht hervor. Alles unterwarf Er dem Willen seines Vaters. Als sein Werk auf Erden fast vollendet war, konnte Er sagen: »Ich habe dich verherrlicht auf Erden und vollendet das Werk, das du mir gegeben hast.« Johannes 17,4 Er gebietet uns: »Nehmet auf euch mein Joch und lernet von mir; denn ich bin sanftmütig und von Herzen demütig.« Matthäus 11,29 »Will mir jemand nachfolgen, der verleugne sich selbst.« Matthäus 26,24 Entthront das eigene Ich, dass es nicht länger die Herrschaft über die Seele habe!

Wer sich in den Christus der Selbstverleugnung, Sanftmut und Demut versenkt, wird mit Daniel sagen müssen, als er Einen sah gleich eines Menschen Sohn: »Es blieb aber keine Kraft in mir, und ich ward sehr entstellt.« Daniel 10,8 Unsere Unabhängigkeit und Selbstherrschaft, womit wir so gerne glänzen, erscheinen ganz als verwerfliche Merkmale der Macht des Teufels über uns. Die menschliche Natur will stets zur Geltung kommen, ist immer bereit, sich durchzusetzen. Wer aber von Christus gelernt hat, ist frei von Selbstsucht, Stolz und Herrschsucht. In seiner Seele ist Ruhe, denn das Ich wird vom Heiligen Geist bewegt. Uns bangt nicht mehr um die Erlangung der höchsten Stellung; wir haben kein Verlangen, die Aufmerksamkeit anderer auf uns zu lenken, sondern wissen, dass unser vornehmster Platz zu den Füßen unseres Heilandes ist. Wir sehen auf Jesus und warten, dass seine Hand uns leite, lauschen auf seine Stimme, dass sie uns berate. Der Apostel Paulus hat dies in seinem Leben erfahren, denn er sagt: »Ich bin mit Christus gekreuzigt. Ich lebe; doch nun nicht ich, sondern Christus lebt in mir. Denn was ich jetzt lebe im Fleisch, das lebe ich im Glauben an den Sohn Gottes, der mich geliebt hat und sich selbst für mich dargegeben.« Galater 2,19.20

Wenn wir Christus in uns aufnehmen, wird der Friede Gottes, der höher ist als alle Vernunft, unsere Herzen und Sinne bewahren in Christus Jesus. Das Erdenleben des Heilandes war, obwohl reich an Kämpfen, doch ein Leben des Friedens. Während wütende Feinde Ihn fortwährend verfolgten, sagte Er: »Der mich gesandt hat, ist mit mir. Der Vater lässt mich nicht allein; denn ich tue allezeit was Ihm gefällt.« Johannes 8,29 Kein Ausdruck menschlicher oder satanischer Wut konnte den Frieden seiner vollkommenen Gemeinschaft mit Gott stören. Und Er spricht zu uns: »Den Frieden lasse ich euch, meinen Frieden gebe ich euch.« Johannes 14,27 »Nehmet auf euch mein Joch und lernet von mir; denn ich bin sanftmütig und von Herzen demütig; so werdet ihr Ruhe finden für eure Seelen.« Matthäus 11,29 Tragt mit mir das Joch des Dienstes zur Ehre Gottes und zur Veredlung der Menschheit, und ihr werdet mein Joch sanft und meine Last leicht finden.

Die Eigenliebe stört unseren Frieden. Solange das Ich lebt, sind wir immer bereit, es vor jeder Kränkung und jeder Beleidigung zu schützen; aber wenn wir unserem Ich gestorben sind und unser Leben mit Christus in Gott verborgen ist, werden wir Vernachlässigung und Geringschätzung nicht mehr zu Herzen nehmen. Wir werden taub und blind sein gegen Vorwurf, Hohn und Beleidigung. »Die Liebe ist langmütig und freundlich, die Liebe eifert nicht, die Liebe treibt nicht Mutwillen, sie blähet sich nicht, sie stellet sich nicht ungebärdig, sie suchet nicht das Ihre, sie läßt sich nicht erbittern, sie rechnet das Böse nicht zu, sie freuet sich nicht der Ungerechtigkeit, sie freuet sich aber der Wahrheit; sie verträgt alles, sie glaubet alles, sie hoffet alles, sie duldet alles. Die Liebe höret nimmer auf, so doch die Weissagungen aufhören werden und das Zungenreden aufhören wird und die Erkenntnis aufhören wird.« 1.Korinther 13,4-8

Das Glück, das uns aus irdischen Quellen fließt, ist ebenso veränderlich wie die Umstände, aus denen es entspringt; aber der Friede Christi ist ein beständiges und bleibendes Gut.

Er hängt nicht von den Umständen des Lebens, nicht von der Größe des irdischen Reichtums und nicht von der Zahl der Freunde ab. Christus ist die Quelle des lebendigen Wassers, und die Glückseligkeit, die Er gibt, ist unvergänglich.

Wenn die Sanftmut Christi sich im Hause offenbart, werden die Bewohner glücklich sein. Sanftmut erregt keinen Streit und gibt kein böses Wort zurück; sie besänftigt unruhige Gemüter und breitet Freundlichkeit über den ganzen Kreis der Nahestehenden. Wo Sanftmut waltet, gliedert sich die irdische Familie in den höheren, den göttlichen Familienbund ein.

Es wäre für uns viel besser, unter falscher Beschuldigung zu leiden, als unser Gewissen mit Rache an unseren Feinden zu belasten. Der Geist des Hasses und der Rache ist mit dem Teufel aufgekommen und kann dem von ihm Erfüllten nur Böses einbringen. Herzensdemut, jene Sanftmut, die aus dem Bleiben in Christus erwächst, ist das wahre Geheimnis des Segens. »Er schmückt die Demütigen mit Heil.« Psalm 149,4 (engl. Elberfelder Bibel).

Die Sanftmütigen »werden das Erdreich besitzen«. Es war das Verlangen nach Selbsterhöhung, durch das die Sünde in die Welt kam, und durch das unsere ersten Eltern die Herrschaft über ihr Reich, diese schöne Erde, verloren hatten. Es ist die Selbstverleugnung, durch die Christus das rettet, was verloren wurde. Und Er sagt, dass wir überwinden sollen, wie Er überwunden hat (siehe Offenbarung 3,21). Durch Demut und Unterordnung des Ichs können wir seine Miterben sein, wenn die Sanftmütigen das Land ererben werden (vgl. Psalm 37,11; Schlachter Bibel).

Die den Sanftmütigen verheißene Erde wird anders sein als diese durch den Schatten des Todes und des Fluches verdunkelte Welt. »Wir warten aber eines neuen Himmels und einer neuen Erde nach seiner Verheißung, in welchen Gerechtigkeit wohnt.« 2.Petrus 3,13 »Und es wird nichts mehr unter dem Bann sein. Und der Thron Gottes und des Lammes wird darinnen sein, und seine Knechte werden ihm dienen.« Offenbarung 22,3

Dort gibt es keine Enttäuschung, keinen Kummer und keine Sünde; keiner wird sagen: Ich bin krank. Dort werden sich keine Leichenzüge auf den Straßen bewegen; kein Trauern, kein Tod, keine Trennung, kein gebrochenes Herz wird es mehr geben, denn Jesus ist da. Friede weilt über jener Welt. »Sie werden weder hungern noch dürsten, sie wird weder Hitze noch Sonne stechen; denn ihr Erbarmer wird sie führen und sie an die Wasserquellen leiten.« Jesaja 49,10

»Selig sind, die da hungert und dürstet nach der Gerechtigkeit; denn sie sollen satt werden.« Matthäus 5,6

Gerechtigkeit ist Heiligkeit, Gottähnlichkeit, und »Gott ist Liebe«. 1.Johannes 4,16 Der Zustand der Gerechtigkeit entspricht dem Maßstab des Gesetzes Gottes, »denn alle deine Gebote sind gerecht«, Psalm 119,172 und die Liebe ist »des Gesetzes Erfüllung«. Römer 13,10 Gerechtigkeit ist Liebe, und Liebe ist Licht und Leben aus Gott. Solche Gerechtigkeit ist in Christus verkörpert. Wir empfangen sie dadurch, dass wir Ihn annehmen.

Gerechtigkeit wird nicht durch besondere Anstrengungen oder mühevolle Arbeit, auch nicht durch Gaben oder Opfer erworben, sondern sie ist eine freie Gabe, die jeder hungernden und dürstenden Seele geschenkt wird. »Wohlan, alle, die ihr durstig seid, kommt her zum Wasser! Und die ihr kein Geld habt, kommt her, kauft und esst! Kommt her und kauft ohne Geld und umsonst Wein und Milch!« Jesaja 55,1 »Ihre Gerechtigkeit kommt von mir, spricht der Herr«, »und man wird es nennen ‚Der Herr unsere Gerechtigkeit'.« Jesaja 54,17; Jeremia 33,16

Es steht nicht im Vermögen des Menschen, den Hunger und Durst der Seele zu stillen. Jesus aber sagt: »Siehe, ich stehe vor der Tür und klopfe an. So jemand meine Stimme hören wird und die Tür auftun, zu dem werde ich eingehen und das Abendmahl mit ihm halten und er mit mir.« Offenbarung 3,20 »Ich bin das Brot des Lebens. Wer zu mir kommt, den wird nicht hungern; und wer an mich glaubt, den wird nimmermehr dürsten.« Johannes 6,35

Wie wir unseren Körper durch Nahrungsaufnahme erhalten müssen, so brauchen wir Jesus, das vom Himmel gesandte Brot, zur Erhaltung unseres geistlichen Lebens und zur Erlangung der Kraft, mit der wir die Werke Gottes wirken wollen. Wie der Körper aus der ihm zugeführten Nahrung ständig Leben und Kraft gewinnt, so muss die Seele sich durch Gemeinschaft mit Christus aufbauen und gänzlich von Ihm abhängig bleiben. Wie der müde Wanderer, der in der Wüste eine Quelle sucht, um seinen brennenden Durst zu stillen, wird der Christ nach dem reinen Wasser des Lebens dürsten, dessen Quelle Christus ist.

Wenn wir die Vollkommenheit im Wesen Christi erkennen, wird in uns das Verlangen aufsteigen, gänzlich erneuert und in das Ebenbild seiner Reinheit verändert zu werden. Je mehr Gotteserkenntnis wir erlangen, desto höher wird unsere Vorstellung von innerer Schönheit, desto heißer unser Verlangen sein, göttliche Herrlichkeit widerzustrahlen. Göttliches Element geht in das Menschliche über, wenn die Seele nach Gott verlangt, und das sehnsüchtige Herz kann nur sprechen: »Sei nur stille zu Gott meine Seele; denn er ist meine Hoffnung. Er ist mein Fels, meine Hilfe und mein Schutz.« Psalm 62,6

Das Gefühl des Mangels in deiner Seele, das Hungern und Dürsten nach Gerechtigkeit ist ein Beweis dafür, dass Christus in deinem Herzen gewirkt hat, damit du Ihn suchen mögest und Er durch die Gabe des Heiligen Geistes das für dich tue, was du allein nicht zu vollbringen vermagst. Wir brauchen unseren Durst nicht an jedem beliebigen Gewässer zu stillen, denn die herrliche Quelle, von deren Fülle wir reichlich trinken können, um auf dem Weg des Glaubens vorwärts zu kommen, ist dicht bei uns.

Die Worte Gottes sind ein Brunnquell des Lebens, und wer von dieser lebendigen Quelle trinkt, wird durch den Heiligen Geist zur Gemeinschaft mit Christus gebracht werden. Vertraute Lehren werden unter neuem Blickwinkel lebendig. In altbekannten Bibelstellen leuchtet ihm, einfallenden Lichtstrahlen gleich, ein neuer Sinn auf. Er erkennt das Verhältnis anderer Wahrheiten zum Erlösungswerk. Er nimmt wahr, dass Christus als göttlicher Lehrer ihm zur Seite steht und ihn führt.

Jesus sagt: »Das Wasser, das ich ihm geben werde, das wird in ihm ein Brunnen des Wassers werden, das in das ewige Leben quillt.« Johannes 4,14 Wem der Heilige Geist die Wahrheit erschließt, der wird die köstlichsten Erfahrungen machen; er wird sich danach sehnen, anderen den Trost zu bringen, mit dem er getröstet worden ist. Wer mit ihm in Verbindung kommt, dem teilt er manchen neuen Gedanken über das Wesen oder das Werk Christi mit. Er wird denen, die den Heiland lieben, und auch solchen, die ihn nicht lieben, manche neue Offenbarung seiner erbarmenden Liebe vermitteln können.

»Gebet, so wird euch gegeben« Lukas 6,38, denn das Wort Gottes ist »ein Gartenbrunnen ..., ein Born lebendigen Wassers, das vom Libanon fließt«. Hohelied 4,15 Wer einmal die Liebe Christi geschmeckt hat, sehnt sich nach immer größerem Genuss und je mehr er mitteilt, desto mehr wird er empfangen. Jede Offenbarung Gottes vermehrt die Fähigkeit der Seele, zu erkennen und zu lieben. Das beständige Verlangen eines solchen Menschen ist: »Mehr durch Ihn«, und der Geist antwortet: »Viel mehr«; Römer 5,9.10 denn unser Gott hat Freude daran, überschwenglich zu tun »über alles, was wir bitten oder verstehen«. Epheser 3,20 Christus, der sich zum Heil der verlorenen Menschheit selbst entäußerte, empfing den Heiligen Geist ohne Maß, und jeder Nachfolger, der sich Ihm völlig übergibt, sodass das Herz Christi Wohnstatt sein kann, wird dieselbe Erfahrung machen. Unser Herr hat uns befohlen: »Werdet voll Geistes«, Epheser 5,18 und dies Gebot ist zugleich eine Verheißung, die ihre Erfüllung in sich trägt. Es war des Vaters Wohlgefallen, dass in Christus alle Fülle wohne, (Kolosser 1,19) »und ihr habt diese Fülle in Ihm«. Kolosser 2,10

Gott hat seine Liebe unbeschränkt ausgegossen, wie Regenschauer, die das Land erquicken. Er sagt: »Träufelt, ihr Himmel, von oben, und ihr Wolken, regnet Gerechtigkeit! Die Erde tue sich auf und bringe Heil, und Gerechtigkeit wachse mit auf!« Jesaja 45,8 »Die Elenden und Armen suchen Wasser, und es ist nichts da, ihre Zunge verdorrt vor Durst. Aber ich, der Herr, will sie erhören, ich, der Gott Israels, will sie nicht verlassen. Ich will Wasserbäche auf den Höhen öffnen und Quellen mitten auf den

Feldern und will die Wüste zu Wasserstellen machen und das dürre Land zu Wasserquellen.« Jesaja 41,17.18

»Von seiner Fülle haben wir alle genommen Gnade um Gnade.« Johannes 1,16

»Selig sind die Barmherzigen; denn sie werden Barmherzigkeit erlangen.« Matthäus 5,7

Das menschliche Herz ist von seiner Natur kalt, finster und lieblos. Wenn jemand den Geist der Barmherzigkeit und Vergebung offenbart, so tut er dies nicht von sich selber, sondern unter dem Einfluss des Heiligen Geistes, der an seinem Herzen wirkt. »Lasset uns lieben, denn Er hat uns zuerst geliebt.« 1.Johannes 4,19

Gott ist die Quelle aller Barmherzigkeit; sein Name ist »barmherzig und gnädig«. 2.Mose 34,6 Er behandelt uns nicht, wie wir es verdient haben, und fragt nicht danach, ob wir seiner Liebe wert sind, sondern gießt den Reichtum seiner Liebe über uns aus und macht uns ihrer würdig. Er ist nicht rachsüchtig und möchte nicht strafen, sondern erlösen. Selbst die Strenge, die Er bisweilen in seine Vorsehungen bekundet, dient zum Heil der Gefallenen. Er sehnt sich mit starkem Verlangen danach, die Leiden der Menschheit zu lindern und Balsam auf ihre Wunden zu legen. Wohl ist wahr, dass vor Gott, »der da bewahret Gnade in tausend Glieder ... niemand unschuldig ist«; 2.Mose 34,7 aber Er will die Schuld tilgen.

Die Barmherzigen sind »teilhaftig ... der göttlichen Natur«, 2.Petrus 1,4 und die mitleidige Liebe Gottes wirkt sich in ihnen aus. Ihre Herzenssaiten schwingen mit dem Klang der ewigen Liebe; daher werden sie zu retten und nicht zu verdammen suchen. Der im Herzen wohnende

Christus ist eine Quelle, die nie versiegt. Wo Er wohnen bleibt, wird Wohltat die Fülle sein.

Der Christ fragt beim Hilferuf des Elenden, des Versuchten, des traurigen Opfers der Not und der Sünde nicht: Sind sie's auch wert? Sondern Er fragt: Wie kann ich ihnen helfen? Er sieht in dem Elendesten und Verachtetsten einen Menschen, für den Jesus starb und um deswillen Gott seine Kinder mit dem Amt der Versöhnung betraut hat.

Das sind die Barmherzigen, die für die Armen, Leidenden und Unterdrückten Mitleid bekunden. Hiob sagte: »Ich errettete den Armen, der da schrie, und die Waise, die keinen Helfer hatte. Der Segen des Verlassenen kam über mich, und ich erfreute das Herz der Witwe. Gerechtigkeit war mein Kleid, das ich anzog, und mein Recht war mir Mantel und Kopfbund. Ich war des Blinden Auge und des Lahmen Fuß. Ich war ein Vater der Armen, und der Sache des Unbekannten nahm ich mich an.« Hiob 29,12-16

Es gibt viele, für die das Leben ein harter Kampf ist; sie fühlen ihre Mängel, sind elend und ungläubig und meinen, es gäbe für sie nichts, wofür sie dankbar sein könnten. Solchen würde ein freundliches Wort, ein mitfühlender Blick, eine Erweisung von Anteilnahme oft das sein, was ein Schluck kalten Wassers dem Durstigen ist; eine freundliche Tat würde ihnen die Bürde erleichtern, die so schwer auf ihren müden Schultern lastet. Jedes Wort, jede Tat aus selbstloser Liebe ist ein Zeugnis von der Liebe Christi für die verlorene Menschheit.

Die Barmherzigen »werden Barmherzigkeit erlangen«. »Wer reichlich gibt, wird gelabt, und wer reichlich tränkt, der wird auch getränkt werden.« Sprüche 11,25 Mitleid bringt tiefen Frieden ins Herz. Eine uneigennützige gute Tat trägt

Befriedigung ins Leben. Der Heilige Geist, der im Herzen wohnt und sich im Leben auswirkt, erweicht die harten Herzen und erweckt Gegenliebe und Feingefühl. Was wir säen, ernten wir. »Wohl dem, der sich des Schwachen annimmt! ... Der Herr wird ihn bewahren und am Leben erhalten und es ihm lassen wohl gehen auf Erden.« Psalm 41,2-3

Wer sein Leben in den Dienst Gottes an seinen Erdenkindern gestellt hat, ist mit dem verbunden, dem alle Mittel der Welt zu Gebote stehen. Sein Leben ist durch die goldene Kette der unwandelbaren Verheißungen an das Leben aus Gott geschmiedet. Der Herr wird ihn in der Stunde der Trübsal und Not nicht vergessen. »Mein Gott aber wird ausfüllen all euren Mangel nach seinem Reichtum in der Herrlichkeit in Christus Jesus.« Philipper 4,19 In höchster Not zur Endzeit wird der Barmherzige sich unter dem Mantel der Barmherzigkeit Jesu bergen und in Barmherzigkeit aufgenommen werden in die ewigen Wohnungen.

»Selig sind, die reines Herzens sind; denn sie werden Gott schauen.« Matthäus 5,8

Die Juden waren in Bezug auf zeremonielle Reinheit so genau, dass die Befolgung ihrer Vorschriften ihnen sehr lästig wurde. Ihre Gemüter waren mit Regeln, Beschränkungen und Furcht vor äußerer Verunreinigung beschwert; dabei achteten sie auf die Flecken nicht, die unreine Gedanken, Eigennutz und Groll in ihrer Seele verursachten.

Jesus zählt diese zeremonielle Reinheit nicht zu den Bedingungen des Eingangs ins Reich Gottes, sondern betont die Notwendigkeit der Herzensreinheit. Die Weisheit, die von oben kommt, ist »aufs erste lauter«. Jakobus 3,17 In die Stadt Gottes wird nichts Unreines hineinkommen;

alle ihre Einwohner müssen reinen Herzens sein. Wer von Christus lernt, bekundet wachsende Abneigung gegen lasterhafte Gewohnheiten, unangebrachte Redensarten und unreine Gedanken. Wenn Christus im Herzen wohnt, werden Denken und Lebensführung geläutert und verfeinert.

Aber die Worte Jesu »Selig sind, die reines Herzens sind« haben noch eine tiefere Bedeutung – nicht nur rein in dem Sinn, wie es die Welt versteht, sondern frei von Genusssucht, rein von Gelüsten. Sie zielen nicht nur auf Reinheit im allgemeinen Sinne, sondern rein in den inneren Beweggründen und Motiven des Gemüts, frei von Stolz und Selbstsucht, demütig, selbstlos, kindlich.

Nur Gleiches kann Gleiches würdigen. Es sei denn, dass wir unser eigenes Leben auf den Grund selbstloser Liebe stellen, die auch zutiefst im Wesen Gottes sich offenbart, sonst können wir Gott nicht erkennen. Wessen Herz der Teufel betrogen hat, der erblickt in Gott einen unbarmherzigen Tyrannen; all seine eigene Selbstsucht und dazu noch die des Bösen vermutet er bei dem doch so liebevollen Schöpfer. »Da meinst du, ich sei so wie du.« Psalm 50,21 Gottes Fügungen legt er so aus, als könnten sie nur aus Herrschsucht oder Rachsucht kommen. Und mit der Bibel, der Schatzkammer der göttlichen Gnadengüter, ist es nicht anders. Der Glanz ihrer himmelhoch erhabenen, Ewigkeiten messenden Worte bleibt ihm verborgen. Ja, der Mehrzahl der Menschen erscheint auch Christus »wie eine Wurzel aus dürrem Erdreich«, und sie sehen in Ihm keine Schönheit, die ihnen gefallen könnte. Jesaja 53,2 Als Jesus unter den Menschen wandelte und Gott im Fleisch offenbarte, sagten die Schriftgelehrten und Pharisäer zu Ihm: »Sagen wir nicht recht, dass du ein Samariter bist und hast einen bösen Geist?« Johannes 8,48 Selbst seine Jünger waren durch die Selbstsucht ihrer Herzen so verblendet, dass sie zu schwerfällig waren, den zu verstehen, der gekommen war, ihnen die Liebe des Vaters zu offenbaren. So wandelte Jesus einsam unter den Menschen. Allein der Himmel begriff Ihn ganz.

Wenn Christus in seiner Herrlichkeit erscheint, werden die Gottlosen seinen Anblick nicht ertragen können. Die Herrlichkeit seiner Erscheinung, die denen, die ihn lieben, Leben bringt, bedeutet für die Gottlosen den Tod. Das Warten auf sein Kommen ist diesen daher »ein schreckliches Warten auf das Gericht und das gierige Feuer«. Hebräer 10,27 Wenn Er erscheint, werden sie begehren, vor dem Angesicht dessen bedeckt zu werden, der einst starb, um sie zu erlösen.

Die Menschen dagegen, deren Herzen durch das Wirken des Heiligen Geistes gereinigt wurden, befinden sich in einer völlig anderen Lage. Sie vermögen Gott zu schauen. Mose war einst in der Felsenhöhle verborgen, als der Herr ihm seine Herrlichkeit offenbarte; sind wir in Christus geborgen, so schauen wir Gott, die Liebe.

»Wer ein reines Herz und liebliche Rede hat, dessen Freund ist der König.« Sprüche 22,11 Durch den Glauben schauen wir Ihn schon jetzt. Bei unseren täglichen Erfahrungen nehmen wir Güte und Mitgefühl in seinen Vorsehungen wahr. Wir erkennen Gott auch in seinem Sohn; der Heilige Geist erschließt dem Verstand und dem Herzen die Wahrheit von Gott und von dem, den Er gesandt hat. Die reines Herzens sind, schauen Gott in einer neuen, innigen Beziehung zu sich, nämlich als ihren Erlöser. Und während sie die liebenswerte Reinheit und Schönheit seines Wesens erkennen, möchten sie Ihn aus tiefstem Herzen als sein Ebenbild widerspiegeln. Sie sehen in Ihm den Vater, der sich danach sehnt, sein bußfertiges Kind in die Arme zu schließen, und ihre Herzen sind von unaussprechlicher Freude und Wonne erfüllt.

Die reinen Herzens sind, erkennen den Schöpfer in den Werken seiner mächtigen Hand, in den Schönheiten der Natur, die das Weltall erfüllen. Noch deutlicher lesen sie die Offenbarungen seiner Barmherzigkeit, seiner Güte und Gnade in seinem geschriebenen Wort. Die Wahrheiten, die den Weisen und Klugen verborgen bleiben, sind den Unmündigen offenbart. Die Schönheiten und Kostbarkeiten in diesem Wort, die von Weltweisen nicht erkannt werden, entfalten sich denen immer mehr, die gläubig und kindlich den Willen Gottes zu erkennen und zu tun wünschen. Wir erkennen die Wahrheit, je mehr wir persönlich der göttlichen Natur teilhaftig werden.

Die reinen Herzens sind, bringen ihre Lebenszeit wie in der Gegenwart Gottes zu. Im zukünftigen unsterblichen Zustand aber werden sie Gott von Angesicht zu Angesicht schauen, wie Adam, als er mit Gott im Garten Eden wandelte und redete. »Wir sehen jetzt durch einen Spiegel in einem dunkeln Wort; dann aber von Angesicht zu Angesicht. Jetzt erkenne ich stückweise; dann aber werde ich erkennen, gleichwie ich erkannt bin.« 1.Korinther 13,12

»Selig sind die Friedfertigen; denn sie werden Gottes Kinder heissen.« Matthäus 5,9

Christus ist der »Friede-Fürst« Jesaja 9,5 und es ist seine Berufung, der Erde und dem Himmel den Frieden wiederzugeben, der durch die Sünde verlorengegangen ist. »Nun wir denn sind gerecht geworden durch den Glauben, so haben wir Frieden mit Gott durch unsern Herrn Jesus Christus.« Römer 5,1 Wer sich entschließt, der Sünde abzusagen und sein Herz der Liebe Christi öffnet, hat teil an diesem himmlischen Frieden.

Es gibt nur einen Friedenshort, und der ist Christus. Hat seine Gnade vom Herzen Besitz ergriffen, so kennt es keine Feindschaft mehr. Aller Hader ist verbannt, und es regiert die Liebe. Wer mit Gott und seinen Mitmenschen in Frieden lebt, kann nicht unglücklich sein. Neid wohnt nicht in seinem Herzen, Argwohn findet keinen Raum in ihm, Hass kann nicht darin bestehen. Wer mit Gott in Einklang steht, genießt nicht nur himmlischen Frieden, sondern wird ihn auch in seiner ganzen segensreichen Wirksamkeit um sich her ausbreiten. Der Geist des Friedens wird sich wie milder Tau auf Herzen senken, die im Treiben der Welt matt geworden sind.

Christus sendet seine Nachfolger mit der Botschaft des Friedens in die Welt. Wer durch den stillen, ihm selbst unbewussten Einfluss eines heiligen Wandels die Liebe Christi offenbart, wer durch Wort oder Tat einen andern dahin bringt, dass er der Sünde entsagt und sein Herz Gott übergibt, der ist ein Friedfertiger.

»Selig sind die Friedfertigen; denn sie werden Gottes Kinder heißen.« Der Geist des Friedens ist das Zeugnis ihrer Verbindung mit dem Himmel. Sie sind umgeben von dem süßen Duft Christi. Das Wohltuende ihrer Lebensführung, die Liebenswürdigkeit ihres Wesens, offenbaren der Welt, dass sie Gottes Kinder sind und die Menschen erkennen, dass sie mit Jesus Umgang pflegten. »Wer lieb hat, der ist von Gott geboren.« 1.Johannes 4,7 »Wer aber Christi Geist nicht hat, der ist nicht sein«, sondern »welche

der Geist Gottes treibt, die sind Gottes Kinder«. Römer 8,9.14
»Es werden die Übriggebliebenen aus Jakob unter vielen Völkern sein wie Tau vom Herrn, wie Regen aufs Gras, der auf niemand harrt noch auf Menschen wartet.« Micha 5,6

»Selig sind, die um Gerechtigkeit willen verfolgt werden; denn das Himmelreich ist ihr.« Matthäus 5,10
Jesus macht seinen Nachfolgern keine Hoffnung auf irdische Herrlichkeit und Reichtum oder auf ein Leben, das von Versuchungen frei ist, sondern Er stellt ihnen die Gnade vor, mit ihrem Herrn den Weg der Selbstverleugnung zu gehen und Schmähungen zu ertragen von einer Welt, die sie nicht kennt.

Ihm, der gekommen war, die verlorene Welt zu erlösen, widerstand die ganze Heerschar derer, die Feinde Gottes und der Menschen sind. Mit den gefallenen Engeln standen böse Menschen gegen den Fürsten des Friedens in unbarmherzigem Verschwörerbunde. Obwohl jedes seiner Worte, jede seiner Handlungen von göttlichem Mitleid zeugte, erregte Er doch die bitterste Feindschaft der Welt dadurch, dass Er mit ihr so wenig gemeinsam hatte. Weil Er in keine böse Neigung der menschlichen Natur einwilligte, erregte Er heftigsten Widerstand und große Feindschaft. So geht es allen, die gottselig leben wollen in Christus Jesus. Zwischen Gerechtigkeit und Sünde, Liebe und Hass, Wahrheit und Trug, tobt ein leidenschaftlicher Kampf. Wer in der Liebe Christi und in der Anmut der Heiligkeit einhergeht, der macht dem Satan seine Untertanen abwendig und das erregt den Widerstand des Fürsten der Bosheit. Schmähungen und Verfolgungen treffen alle, die vom Geist Christi erfüllt sind. Die Art der Verfolgungen mag sich mit der Zeit ändern; aber der Geist, aus dem sie kommen, ist im Grunde derselbe, nach dem seit Abels Zeiten die Auserwählten Gottes getötet wurden.

Sobald die Menschen danach trachten, mit Gott in Einklang zu kommen, werden sie finden, dass das Ärgernis des Kreuzes nicht aufgehört hat. Fürsten, Machthaber und böse Geister aus der Höhe nehmen Kampfstellung gegen alle ein, die himmlischen Gesetzen Gehorsam zollen. Deshalb sollten Verfolgungen den Jüngern Christi Freude machen, anstatt ihnen Kummer zu verursachen, denn sie sind ein Beweis, dass die Betroffenen den Spuren ihres Herrn folgen.

Der Herr verspricht seinem Volk nicht, dass es von Verfolgungen frei sein werde, sondern Er verheißt ihm etwas viel Besseres. Er hat gesagt: »Wie deine Tage, so deine Kraft!« 5.Mose 33,25 »Lass dir an meiner Gnade genügen; denn meine Kraft ist in den Schwachen mächtig.« 2.Korinther 12,9 Wer um Christi willen durch die Hitze des Feuerofens gehen muss, dem wird Jesus zur Seite stehen wie den drei Getreuen in Babylon. Wer seinen Erlöser liebt, wird sich über jede Gelegenheit freuen, Demütigungen und Schmähungen mit Ihm zu teilen. Die Liebe zum Herrn macht das Leiden für ihn süß.

Zu allen Zeiten hat Satan die Kinder Gottes verfolgt, hat sie gemartert und getötet; aber durch ihren Tod wurden sie Sieger. Sie offenbarten ihren beharrlichen Glauben, dass ein Mächtigerer als Satan mit ihnen sei. Satan konnte wohl den Körper peinigen und töten, aber nicht das mit Christus in Gott verborgene Leben antasten. Er konnte sie wohl hinter Gefängnismauern einkerkern aber er konnte den Geist nicht binden. Mit Augen des Glaubens erblickten sie jenseits des irdischen Dunstes die himmlische Herrlichkeit und sagten: »Ich halte dafür, dass dieser Zeit Leiden der Herrlichkeit nicht wert sei, die an uns soll offenbart werden.« Römer 8,18 »Unsre Trübsal, die zeitlich und leicht ist, schafft eine ewige und über alle Maßen wichtige Herrlichkeit uns, die wir nicht sehen auf das Sichtbare, sondern auf das Unsichtbare. Denn was sichtbar ist, das ist zeitlich; was aber unsichtbar ist, das ist ewig.« 2.Korinther 4,17.18

Durch Leiden und Verfolgungen wird die Herrlichkeit, das Wesen Gottes in seinen Auserwählten offenbart. Unter dem Hass der Welt wird das Volk Gottes in der Schule Christi erzogen. Es geht auf Erden einen schmalen Weg, wird im Feuerofen der Trübsal geläutert, folgt dem Herrn durch schwere Kämpfe, übt Selbstverleugnung und macht bittere Erfahrungen; aber es erkennt durch dieses alles die Strafwürdigkeit und das Elend der Sünde und lernt sie verabscheuen. Weil es teilhat an den Leiden Christi, wird es auch teilhaben an seiner Herrlichkeit. In einem Gesicht sah der Prophet den Sieg des Volkes Gottes. Er berichtet: »Ich sah ... wie ein gläsernes Meer, mit Feuer gemengt; und die den Sieg behalten hatten über das Tier und sein Bild und über die Zahl seines Namens, die standen an dem gläsernen Meer und hatten Gottes Harfen und sangen das Lied des Mose, des Knechtes Gottes, und das Lied des Lammes und sprachen: Groß und wundersam sind deine Werke, Herr, allmächtiger Gott! Gerecht und wahrhaftig sind deine Wege, du König der Völker.« Offenbarung 15,2.3 »Diese sind's, die gekommen sind aus der großen Trübsal und haben ihre Kleider gewaschen und haben ihre Kleider hell gemacht im Blut des Lammes. Darum sind sie vor dem Thron Gottes und dienen Ihm Tag und Nacht in seinem Tempel; und der auf dem Thron sitzt, wird über ihnen wohnen.« Offenbarung 7,14.15

»Selig seid ihr, wenn euch die Menschen um meinetwillen schmähen.« Matthäus 5,11

Seit seinem Fall hat Satan sich immer des Betruges bedient. Wie er Gott in einem falschen Licht darstellte, so verunglimpft er durch seine Werkzeuge auch die Kinder Gottes. Der Heiland sagt: »Die Schmähungen derer, die dich schmähen, sind auf mich gefallen.« Psalm 69,10 In gleicher Weise fallen sie auf seine Jünger.

Noch nie ist jemand auf Erden so grausam verleumdet worden wie der Menschensohn. Er wurde wegen seines unerschütterlichen Gehorsams gegen das heilige Gesetz Gottes verhöhnt und verspottet. Man hasste Ihn ohne Grund. Dennoch blieb Er ruhig vor seinen Feinden und erklärte ihnen nur, dass Schmähungen zum Vermächtnis des Gotteskindes gehören. Er unterwies seine Nachfolger, wie sie sich vor den Pfeilen der Bosheit schützen könnten, und ermahnte sie, in Versuchungen nicht schwach zu werden. Wenn auch Verleumdung dem guten Ruf schaden kann, vermag sie doch den Charakter nicht zu beflecken; dieser wird von Gott behütet. Solange wir nicht in die Sünde einwilligen, kann keine Macht, weder menschliche noch teuflische, das Heiligtum unserer Seele entweihen. Der Mensch, dessen Herz in Gott völlig zur Ruhe gekommen ist, bleibt in der Stunde der größten Trübsal und unter den entmutigendsten Umständen derselbe, der er in guten Tagen war, als alles nur Freundlichkeit und Güte Gottes schien. Wenn auch seine Worte, seine Beweggründe, seine Handlungen missdeutet werden, bleibt er unbeweglich, weil Größeres sein Leben ausfüllt. Er verharrt, wie Mose, im Aufblick zu dem, den er nicht sieht, als sähe er Ihn Hebräer 11,27 und schaut nicht »auf das Sichtbare, sondern auf das Unsichtbare«; denn was »unsichtbar ist, das ist ewig«. 2.Korinther 4,18

Christus weiß alles, was von Menschen missverstanden und falsch ausgelegt wird. Seine Kinder haben in Stille ausharren und glauben gelernt, wie sehr sie auch angefeindet und verachtet werden mögen, denn es ist nichts verborgen, das nicht offenbar würde, und die Gott ehren, werden von Ihm wieder geehrt werden vor Menschen und Engeln.

»Wenn euch die Menschen um meinetwillen schmähen und verfolgen «, sagt Jesus, »seid fröhlich und getrost«. Er weist sie hin auf die Propheten, die im Namen des Herrn redeten, ein »Vorbild des Leidens und der Geduld«. Jakobus 5,10 Abel, der erste Christ der Adamskinder starb als Märtyrer; Henoch wandelte mit Gott und die Welt kannte ihn nicht; Noah wurde als Fanatiker und Schwarzseher verhöhnt. »Etliche haben Spott und Geißeln erlitten, dazu Ketten und Gefängnis; sie wurden gesteinigt, gefoltert, zersägt, durchs Schwert getötet; sie sind umhergezogen in Schafpelzen und Ziegenfellen, mit Mangel, mit Trübsal, mit Ungemach. Deren die Welt nicht wert war, die sind im Elend umhergeirrt in den Wüsten, auf den Bergen und in den Klüften und Löchern der Erde.« »Andere aber sind gemartert worden und haben die Freilassung nicht angenommen, auf dass sie die Auferstehung, die besser ist, erlangten.« Hebräer 11,35-38

Zu allen Zeiten sind Gottes Boten geschmäht und verfolgt worden aber gerade durch ihre Trübsal wurde die Erkenntnis Gottes ausgebreitet. Jeder Jünger Christi muss in ihre Reihen treten und dasselbe Werk in dem Bewusstsein fördern, dass der Feind nichts gegen, sondern nur etwas für die Wahrheit tun kann. Gott will, dass die Wahrheit in den

Vordergrund gestellt und genau geprüft und erörtert werde. Er scheut sich nicht, diesem Zweck selbst die Verachtung dienstbar zu machen, die man ihr zuteil werden lässt. Die Gemüter der Menschen müssen beunruhigt werden; jeder Kampf, jede Schmähung, jeder Versuch zur Beschränkung der Gewissensfreiheit ist ein Mittel in der Hand Gottes, Seelen, die sonst schlafen würden, aufzurütteln.

»Wie oft ist diese Folge in der Geschichte der Boten Gottes bestätigt worden! Als der edle und beredte Stephanus auf Anstiften des Hohen Rats gesteinigt wurde, schadete dies der Sache des Evangeliums nicht. Der himmlische Glanz, der sein Antlitz verklärte, das göttliche Mitleid seines Sterbegebets wirkten sich als überwältigende Kraft im Herzen des verblendeten Ratsmitgliedes aus, das der Hinrichtung beiwohnte, und aus diesem Saulus, dem verfolgenden Pharisäer, wurde das erwählte Rüstzeug, den Namen Christi »vor Heiden und vor Könige und vor das Volk Israel« Apostelgeschichte 9,15 zu tragen. Später schrieb der betagte Paulus aus dem Gefängnis in Rom: »Etliche zwar predigen Christus auch um Neides und Haders willen ... denn sie möchten mir in meiner Gefangenschaft eine Trübsal zuwenden. Was tut‘s aber? Wenn nur Christus verkündigt wird auf alle Weise, es geschehe zum Vorwand oder in Wahrheit.« Philipper 1,15-18 Auch durch die Gefangennahme des Apostels Paulus wurde das Evangelium verbreitet und selbst im kaiserlichen Palast wurden Seelen für Christus gewonnen. Durch die Bemühungen des Teufels den unvergänglichen Samen zu vernichten, wird das Wort Gottes, das da ewiglich bleibt, in die Herzen der Menschen gesenkt (1.Petrus 1,23) durch die Schmähungen und Verfolgungen der Kinder Gottes.

Groß wird im Himmel die Belohnung derer sein, die trotz Verfolgungen und Schmähungen für Christus zeugten. Während die Menschen nach irdischen Gütern trachten, weist Jesus sie auf die himmlische Belohnung hin. Aber Er verlegt sie nicht ganz in das zukünftige Leben, sie wird schon hier ausgeteilt. Vor alters erschien der Herr dem Abraham und sagte: »Ich bin dein Schild und dein sehr großer Lohn.« 1.Mose 15,1 Das ist die Belohnung aller, die Christus nachfolgen. Sie sollen zu Gott dem Herrn, »in welchem verborgen liegen alle Schätze der Weisheit und der Erkenntnis«, in dem »die ganze Fülle der Gottheit leibhaftig« wohnt, Kolosser 2,3.9 in eine innige Beziehung treten, sollen ihn in dem Maß besitzen, als das Herz sich all seiner Güte empfänglich zeigt; ja, sie sollen seine Liebe und Macht erfahren, den unausforschlichen Reichtum Christi besitzen, immer mehr begreifen, »welches da sei die Breite und die Länge und die Höhe und die Tiefe; auch erkennen die Liebe Christi, die doch alle Erkenntnis übertrifft, damit ihr erfüllt werdet mit aller Gottesfülle« Epheser 3,18.19, und »das ist das Erbteil der Knechte des Herrn, und ihre Gerechtigkeit kommt von mir, spricht der Herr«. Jesaja 54,17

Diese Freude erfüllte die Herzen des Paulus und des Silas, als sie um Mitternacht im Kerker zu Philippi beteten und Gott Loblieder sangen. Christus war ja bei ihnen, und Licht aus Ihm erfüllte die Nacht mit himmlischer Herrlichkeit. Im Hinblick auf die Ausbreitung des Evangeliums schrieb Paulus ungeachtet seiner Fesseln von Rom aus: »So freue ich mich doch darüber und will mich auch fernerhin freuen.« Philipper 1,18 Die auf dem Berg gesprochenen Worte Christi fanden ihren Widerhall in der Botschaft des Paulus an die verfolgte Gemeinde zu Philippi: »Freuet euch in dem Herrn allewege, und abermals sage ich: Freuet euch!« Philipper 4,4

»IHR SEID DAS SALZ DER ERDE.« Matthäus 5,13

Das Salz wird wegen seiner erhaltenden Eigenschaften geschätzt. Wenn Gott seine Kinder als Salz bezeichnet, so will Er sie über seine Absicht belehren, sie in ihrem Gnadenstand zu Rettern ihrer Mitmenschen zu machen. Das Ziel, das Gott sich mit der Erwählung eines Volkes vor aller Welt gesteckt hatte, war nicht nur, sie als seine Söhne und Töchter anzunehmen, sondern durch sie allen Menschen die heilsame Gnade zu vermitteln. Titus 2,11 Der Herr erwählte Abraham nicht allein deshalb, damit dieser der besondere Freund Gottes sei; er sollte auch der Mittler jener besonderen Gnade sein, mit der Gott die Völker beglücken wollte. Jesus sagte in seinem letzten Gebet vor seiner Kreuzigung im Kreis seiner Jünger: »Ich heilige mich selbst für sie, auf dass auch sie geheiligt seien in der Wahrheit.« Johannes 17,19 Mithin werden die Christen, die durch die Wahrheit geläutert sind, als erhaltendes Salz die Welt vor dem völligen Verfall bewahren.

Das Salz muss unter die Masse gerührt werden, die es vor Verderbnis schützen soll, es muss sie völlig durchdringen. So kann auch bei den Menschen das Evangelium nur dadurch seine rettende Kraft entfalten, wenn es unter sie getragen wird. Da es persönliche Einfühlung verlangt, werden die Menschen nicht in Massen, sondern als Einzelpersonen gerettet. Persönlicher Einfluss übt auf sie Macht aus; um ihn ausüben zu können, müssen wir aber auch die Menschen verstehen lernen, denen wir gerne helfen möchten.

Die Würze des Salzes stellt die Lebenskraft des Christen dar, die aus der Liebe Jesu im Herzen wirkt und das ganze Leben durch seine Gerechtigkeit durchdringt. Diese Liebe Christi drängt nach Außen und packt an. Wohnt sie in uns, so wird sie auch auf andere überströmen. Wir müssen uns, bildlich gesprochen, so lange in deren Nähe stellen, bis ihre Herzen durch unsere selbstlose Teilnahme und Liebe erwärmt werden. Vom aufrichtig Gläubigen geht lebendige Kraft aus, die eine nachhaltige Wirkung besitzt und den Menschen, denen seine Seelenarbeit gilt, innere Stärkung vermittelt. Es handelt sich dabei jedoch nicht um menschliche Kraft, die Veränderung kommt vielmehr durch das Wirken des Heiligen Geistes aus Gott zustande.

Jesus fügte die feierliche Warnung hinzu: »Wenn nun das Salz kraftlos wird, womit soll man‘s salzen? Es ist zu nichts hinfort nütze, denn dass man es hinausschütte und lasse es die Leute zertreten.« Die Zuhörer Jesu konnten auf den Wegen das weiße Salz glitzern sehen, das man dort hingeschüttet hatte, weil es kraftlos geworden und deshalb nichts mehr wert war. Es versinnbildete trefflich die geistliche Verfassung der Pharisäer und die Wirkung ihrer Religion auf ihre Umwelt. Es stellt das Leben jedes Menschen dar, der, von der Gnadenkraft Gottes verlassen, kalt geworden ist und Christus verloren hat. Welche Stellung ein solcher Mensch auch im Leben einnehmen mag, er hat vor Mitmenschen und Engeln seinen Wert eingebüßt und wirkt in seiner Erscheinung unangenehm. Christus spricht zu ihm: »Ach, dass du kalt oder warm wärest! Weil du aber lau bist und weder kalt noch warm, werde ich dich ausspeien.« Offenbarung 3,15.16

Ohne lebendigen Glauben an Christus, unseren persönlichen Erretter, können wir in einer zweifelvollen Welt unmöglich unseren Einfluss zur Geltung bringen. Ist es doch ein Unding, andern etwas zu geben, was wir selbst nicht besitzen. Nur nach dem Verhältnis unserer eigenen Weihe und Hingabe an Christus können wir zum Wohle der Menschheit eine gesegnete und aufbauende Wirksamkeit entfalten. Wo kein tatwirkender Gottesdienst, keine echte Liebe, keine wirkliche Erfahrung ist, da ist auch keine Kraft zu helfen, keine Verbindung mit dem Himmel, da spürt man nichts vom Lebensodem Christi. Nur wenn wir uns dem Heiligen Geist als brauchbare Werkzeuge erweisen, durch die Er der Welt die in Christus offenbarte Wahrheit mitteilen kann, gleichen wir dem Salz, das seine Kraft bewahrt hat und verwendungsfähig geblieben ist. Mangelt es uns dagegen an der Gnadenkraft Christi, so bezeugen wir der Welt, dass der Wahrheit, an die wir zu glauben vorgeben, keine heiligende Kraft innewohnt. Dadurch laden wir für den ganzen Kreis, der unserem Einfluss zugänglich ist, die schwere Schuld auf uns, das Wort Gottes unwirksam zu machen. »Wenn ich mit Menschen- und mit Engelzungen redete und hätte der Liebe nicht, so wäre ich ein tönend Erz oder eine klingende Schelle. Und wenn ich weissagen könnte und wüsste alle Geheimnisse und alle Erkenntnis und hätte allen Glauben, so dass ich Berge versetzte, und hätte der Liebe nicht, so wäre ich nichts. Und wenn ich alle meine Habe den Armen gäbe und ließe meinen Leib brennen und hätte der Liebe nicht, so wäre mir's nichts nütze.« 1.Korinther 13,1-3

Wenn Liebe das Herz ausfüllt, dann wird sie auf andere überströmen, ganz unabhängig davon, ob uns von der betreffenden Seite schon Gutes gekommen ist. Wir werden vielmehr Liebe geben, weil Liebe uns in all unserem Handeln treibt. Liebe gleicht die Persönlichkeit aus, verleiht Beherrschung der Triebkräfte, unterdrückt feindseliges Wesen und veredelt alle Neigungen. Solche Liebe reicht, so weit der Himmel ist. Sie gleicht der Liebe der Engel. Wird sie im Herzen gepflegt, so versüßt sie das ganze Leben und schüttet ihren Segen über die gesamte Umgebung aus. Sie und nichts anderes wird uns zum Salz der Erde machen.

»Ihr seid das Licht der Welt.« Matthäus 5,14

Wenn Jesus das Volk belehrte, sprach Er immer sehr anschaulich. Er fesselte die Aufmerksamkeit seiner Zuhörer besonders gern durch Hinweise auf die Natur ringsumher. Die Leute waren diesmal früh am Morgen herbeigekommen. Die Sonne stieg herrlich am blauen Himmel empor und verscheuchte gerade die Schatten, die in den Tälern und in den Bergschluchten lagerten. Die Pracht des Morgenhimmels war noch nicht ganz verblasst. Das Land lag im Sonnenglanz da, und der glatte Spiegel des Sees, in dem die rosigen Morgenwölkchen zu sehen waren, strahlte die Goldglut des Tagesgestirns wider. Knospen, Blumen und Laubwerk waren mit gleissenden Tautropfen besetzt. Die Vögel in den Bäumen sangen ihre lieblichen Lieder, und die ganze Natur frohlockte unter dem Segen eines neuen Tages. Der Heiland sah auf die Versammelten, wies dann auf die emporsteigende Sonne und sprach zu seinen Jüngern: »Ihr seid das Licht der Welt«. Wie die Sonne ihren Liebesgang antritt, indem sie die Schatten der Nacht zerteilt und die Welt zu neuem Leben erweckt, so sollen auch die Nachfolger Christi sich an ihre Aufgabe begeben. Sie sollen allen, die von der Nacht des Irrtums und der Sünde umfangen sind, himmlische Erleuchtung bringen.

Im hellen Morgenlicht waren alle Dörfer und Städte auf den Hügeln in der Umgebung gut zu erkennen. Ihr Anblick bildete eine wirksame Unterstützung des lieblichen Naturbildes. Jesus sagte mit einem Hinweis darauf: »Es kann die Stadt, die auf einem Berge liegt, nicht verborgen sein.« Und weiter sprach Er: »Man zündet auch nicht ein Licht an und setzt es unter einen Scheffel, sondern auf einen Leuchter; so leuchtet es allen, die im Hause sind.« Die meisten Zuhörer waren Bauern und Fischer, deren ärmliche Behausungen nur aus einem Raum bestanden, in dem ein einziges Licht auf einem Ständer allen Bewohnern zugleich seine Helligkeit spendete. »So«, sprach Christus, »soll euer Licht leuchten vor den Leuten, indem sie eure guten Werke sehen und euren Vater im Himmel preisen.«

Für den gefallenen Menschen hat es noch nie ein anderes Licht gegeben und wird es auch nie ein anderes geben als die Sonne Jesus Christus. Der Heiland ist das einzige Licht, das die Nacht einer in Sünden liegenden Welt zu durchdringen vermag. Von Ihm steht geschrieben: »In ihm war das Leben, und das Leben war das Licht der Menschen.« Johannes 1,4 Die Jünger konnten nur dadurch Lichtträger werden, dass sie seines Lebens teilhaftig wurden. Das Leben Christi in ihnen, die Offenbarung seiner Liebe in ihrem Wesen machte sie zum Licht der Welt.

Von sich aus haben die Menschen kein solches Licht. Ohne Christus gleichen wir einem Leuchter ohne Kerze, sind wir wie der Mond, wenn er sich im Erdschatten befindet. Wir können aus uns auch nicht einen dünnen Lichtstrahl in die Finsternis der Welt hinaus senden. Kehren wir uns jedoch der Sonne der Gerechtigkeit zu, gelangen wir zu der Verbindung mit Christus, dann erglühen wir ganz von der Herrlichkeit göttlicher Gegenwart.

Die Nachfolger Christi sollen mehr als nur Lichter unter den Menschen sein, sie sollen das Licht der Welt sein. Jesus sagt allen, die seinen Namen anrufen: Ihr habt euch mir übergeben, so dass ich euch zu meinen Vertretern vor der Welt berufen konnte! Wie der Vater Ihn in die Welt gesandt hat, »so«, spricht Er weiter, »sende ich sie auch in die Welt«. Johannes 17,18 Wie Christus das Werkzeug zur Offenbarung des Vaters war, so sollen wir Werkzeuge zur Offenbarung Christi sein. Wohl ist unser Heiland die erhabene Quelle des Lichts; doch, o Mensch, vergiss es nicht, dass es durch Menschen in die Welt gestrahlt werden soll. Gottes Segnungen werden durch menschliche Werkzeuge vermittelt. Christus selbst kam ja als Menschensohn in die Welt. Gesellt sich dem Menschensohn Göttliches hinzu, so kann es seinen Eindruck auf die Menschheit nicht verfehlen. Die Gemeinde Christi, deren Glieder alle Jünger des Herrn sind, ist von Gott zur Offenbarung seines Namens vor den Menschen berufen. Herrliche Engel warten darauf, durch dich solchen Menschen, die dem Verderben nahe sind, himmlisches Leben und göttliche Kraft zu vermitteln. Wirst du deine dir bestimmte Arbeit liegen lassen? Ach, dann wird die Welt um so viel des verheißenen Wirkens des Heiligen Geistes beraubt, als Er durch dich hätte ausrichten können.

Jesus gebietet seinen Jüngern jedoch nicht: Schaffet, dass ihr euer Licht leuchten macht, sondern sagt einfach: »Lasset euer Licht leuchten.« Matthäus 5,16 Wenn Jesus im Herzen wohnt, ist es unmöglich, sein Licht zu verbergen.

Wenn die bekenntlichen Nachfolger Christi nicht das Licht der Welt sind, liegt das daran, dass sie keine Lebenskraft mehr besitzen; sie können deshalb kein Licht geben, weil sie zur Quelle des Lichts keinen Zugang mehr haben.

Zu allen Zeiten hat »der Geist Christi ..., der in ihnen war« 1.Petrus 1.11, die wirklichen Kinder Gottes zum Licht ihrer Zeitgenossen gemacht. So ließ Joseph in Ägypten sein Licht leuchten. Durch seine Reinheit, Wohltätigkeit und Kindesliebe wurde er zum Künder Christi inmitten eines götzendienerischen Volkes. Auf der Wanderung von Ägypten zum verheißenen Land waren die Getreuen unter den Israeliten den Völkern ein Licht, mit denen sie in Berührung kamen. Daniel und seine Gefährten in Babylon und Mardochai in Persien waren Lichtträger an Königshöfen. Zu solchem Dienst sind auch die Jünger Jesu auf dem Weg zur Ewigkeit berufen. Durch sie wird die Barmherzigkeit und Güte des Vaters den Menschen kundgetan, die in ihrer geistigen Nacht nicht zu einer richtigen Gotteserkenntnis gelangen können. Ihre Werke veranlassen andere dazu, den Vater droben zu preisen; denn nun wird jenen offenbar, dass ein Gott auf dem Weltenthron sitzt, der in seinem Wesen Lob und Nacheiferung verdient. Wenn göttliche Liebe in einem Herzen glüht, wenn sich im Leben die Schönheit Christi offenbart, wird den Erdenkindern gleichsam ein Blick in den Himmel gewährt, damit sie sich für dessen Herrlichkeit begeistern sollen.

Das ist der Weg, auf dem die Menschen zum Glauben kommen an »die Liebe, die Gott zu uns hat«. 1.Johannes 4,16 Nur so werden sündige und verderbte Herzen geläutert und umgewandelt, so dass sie stehen vor dem »Angesicht seiner Herrlichkeit unsträflich mit Freuden«. Judas 24

Die Worte des Heilandes »Ihr seid das Licht der Welt« enthalten aber auch einen Hinweis auf die weltumspannende Ausdehnung des Arbeitsfeldes, das der Herr seinen Nachfolgern angewiesen hat. In den Tagen Christi hatten Selbstsucht, Stolz und Vorurteil mächtige Trennungsmauern zwischen den Hütern der heiligen Verheißungen und den Völkern des Erdkreises gezogen. Der Heiland war erschienen, hier gründlich Wandlung zu schaffen. Die Worte seines Mundes hatten einen andern Klang als die Reden, die die Leute von den Priestern und Rabbinern zu hören bekamen. Christus zerstört die Scheidewand der Eigenliebe, beseitigt die Trennungslinie völkischen Vorurteils und lehrt Liebe zu allen Menschenbrüdern. Er hebt den Menschen aus den engen Kreisen der Selbstsucht heraus, wirkt über alle Ländergrenzen hinweg und kümmert sich nicht um die künstlich herbeigeführten Klassenunterschiede. Es ist ihm gleichgültig, ob er's mit Nachbarn oder Fremden, Freund oder Feind, zu tun hat. Er will, dass wir jeden Bedürftigen als Freund und die ganze Welt als unser Arbeitsfeld betrachten.

Wie die Sonne ihre Strahlen in alle Weltgegenden sendet, so soll nach dem Willen Gottes das Licht seiner Heilsbotschaft zu allen Menschen auf Erden gelangen. Wenn die Gemeinde Christi die Absicht unseres Herrn ausführen würde, könnten alle sich des Lichts freuen, die heute noch in der Finsternis und im Schatten des Todes sitzen. Die Glieder der Gemeinde sollten, statt auf engem Raum beieinander zu wohnen und statt Verantwortung und Kreuz zu scheuen, sich lieber in alle Lande zerstreuen und dort das Licht Christi leuchten lassen, indem sie sich gleich Ihm im Werk der Seelenrettung betätigen. Dann wird auch das »Evangelium vom Reich« rasch seinen Lauf durch alle Welt beendet haben.

So war Gott von jeher auf die Durchführung seiner Heilsabsichten bedacht, wenn Er seine Kinder berief, von Abraham angefangen bis auf den heutigen Tag. Zu ihm sagte Er: »Ich ... will dich segnen und du sollst ein Segen sein.« 1.Mose 12,2 Die Worte Christi, die Er durch den Evangelisten des Alten Testaments gegeben hat, und die in der Bergpredigt ihren Widerhall finden, gelten besonders uns als dem letzten Geschlecht: »Mache dich auf, werde licht; denn dein Licht kommt, und die Herrlichkeit des Herrn geht auf über dir!« Jesaja 60,1 Wenn die Herrlichkeit Gottes über deinem geistigen Leben aufgegangen ist, wenn du die Schönheit dessen geschaut hast, der auserkoren ist unter Zehntausend und vollkommen lieblich ist, wenn seine Herrlichkeit deine Seele verklärt hat, dann spricht der Meister mit diesem Wort auch zu dir. Bist du mit Christus auf dem Verklärungsberg gewesen? Dann wisse, dass drunten im Tal Seelen sind, die der Satan in Fesseln geschlagen hat. Sie warten auf das Wort und auf das Gebet des Glaubens, das sie in Freiheit setzt.

Es genügt nicht, über die Schönheit Christi nachzudenken, wir müssen auch davon sprechen. Jesaja schaute nicht nur die Herrlichkeit des Herrn, sondern er hat auch davon geredet. Während David sich in Gott versenkte, entbrannte in ihm dessen Feuer, und danach gab er Zeugnis davon. Er konnte nicht anders als von der wunderbaren Liebe reden, die er erkannte und spürte. Wer könnte wohl den erhabenen Erlösungsplan, die Herrlichkeit des eingeborenen Sohnes Gottes erkennen und darüber schweigen? Wer könnte über die unergründliche Liebe Gottes im Tod

Christi am Kreuz auf Golgatha nachdenken, die uns doch vom Tod errettete und die Erbschaft des ewigen Lebens gewann, ohne ein Wort des Lobpreises für den herrlichen Erlöser zu finden?

»In seinem Tempel ruft alles: ‚Ehre!‘« Psalm 29,9 Der liebliche Sänger Israels pries Ihn auf der Harfe: »Sie sollen reden von deiner hohen, herrlichen Pracht und deinen Wundern nachsinnen; sie sollen reden von deinen mächtigen Taten und erzählen von deiner Herrlichkeit; sie sollen preisen deine große Güte und deine Gerechtigkeit rühmen.« Psalm 145,5-7

Das Kreuz von Golgatha muss unter den Menschen hoch erhöht werden, damit es ihre Gemüter gefangennimmt und ihre Gedankenwelt durchdringt. Dann wird Kraft aus Gott ihr ganzes Wesen erfüllen, und sie werden ihre Kräfte dem Werk des Meisters weihen. Wer so arbeitet, wird Licht in die Welt strahlen, ein lebendiger Leuchter, die Erde zu erhellen.

Christus bedient sich mit Freuden jedes menschlichen Werkzeuges, das sich Ihm zur Verfügung stellt. Er bringt Menschliches und Göttliches zur Einheit, um der Welt das Geheimnis der fleischgewordenen Liebe zu vermitteln. Davon sprich, darüber bete und davon singe! Künde ringsum die Botschaft von seiner Herrlichkeit und höre nicht auf, in die Himmel einzudringen!

Mit Geduld ertragene Prüfungen, dankbar empfangene Segnungen, tapfer überwundene Versuchungen, Sanftmut, Freundlichkeit, Barmherzigkeit und herzliche Liebe, das sind die Lichtstrahlen, die unser Wesen erleuchten, die uns von der Finsternis der Selbstsucht befreien, welche keinen Strahl der Lebenssonne ins Herz gelangen lässt.

Der Geist des Gesetzes

»Ich bin nicht gekommen aufzulösen,
sondern zu erfüllen.« Matthäus 5,17

Es war Christus, der auf dem Berg Sinai unter Donner und Blitz das Gesetz verkündet hatte. Die Herrlichkeit Gottes glühte als verzehrendes Feuer auf dem Gipfel und der ganze Berg bebte angesichts des Ewigen. Die Scharen Israels hatten sich in den Staub gebeugt und lauschten ehrfurchtsvoll der Verkündigung der heiligen Satzungen. Welch ein Gegensatz zu dem Bild auf dem Berg der Seligpreisungen! Sonnigen Himmel über sich, Stille ringsumher, nur dann und wann durch Vogelsang unterbrochen, legte Jesus die Grundzüge seines Reiches dar. Und doch war das, als das, was der Sohn Gottes an jenem Tage vor dem Volk in Worte der Liebe kleidete, nichts anderes, als was Er einst vom Berg Sinai in Gesetzesform verkündet hatte.

Als das Gesetz gegeben wurde, brauchte Israel, das in langer Fron der Ägypter niedergezwungene Volk, eine kraftvolle und großartige Gottesoffenbarung. Doch war der Offenbarungsgott trotzdem ein Gott der Liebe. »Der Herr ist vom Sinai gekommen und ist ihnen aufgeleuchtet von Seir her. Er ist erschienen vom Berge Paran her und ist gezogen nach Meribath-Kadesch; in seiner Rechten ist ein feuriges Gesetz für sie. Wie hat Er sein Volk so lieb! Alle Heiligen sind in deiner Hand. Sie werden sich setzen zu deinen Füßen und werden lernen von deinen Worten.« 5.Mose 33,2.3

Gott offenbarte Mose seine Herrlichkeit in jenen tiefen, als köstliches Erbgut auf uns gekommenen Worten: »Herr, Herr, Gott, barmherzig und gnädig und geduldig und von großer Gnade und Treue, der da Tausenden Gnade bewahrt und vergibt Missetat, Übertretung und Sünde.« 2.Mose 34,6.7

Das sinaitische Gesetz ist aus dem göttlichen Grundsatz der Liebe entsprungen; es ist eine Offenbarung himmlischer Ordnung vor der ganzen Erde. Es wurde in die Hände eines Mittlers gelegt. Verkündigt aber hat es der, dem auch die Kraft innewohnt, Menschenherzen auf den Klang seiner Grundtöne abzustimmen. Den Zweck seines Gesetzes hat Gott mit seinen Worten an Israel erklärt: »Ihr sollt mir heilige Leute sein.« 2.Mose 22,30

Israel konnte indessen den geistlichen Gehalt des Gesetzes nicht erfassen. Nur zu oft war ihr angeblicher Gehorsam nichts als eine Erfüllung von Formen und Vorschriften, während er doch Hingabe des Herzens an die Herrschaft der Liebe sein sollte. Als Jesus in seinem Wesen und Wirken den Menschen die Heiligkeit, Barmherzigkeit und Vaterliebe Gottes vorlebte und den Unwert veräußerlichten Gehorsams an den Tag brachte, konnten Ihn die jüdischen Führer nicht begreifen und zeigten sich daher auch nicht empfänglich. Nach ihrer Ansicht nahm Er es viel zu leicht mit dem Gesetzesgehorsam. Als Er ihnen daher den Gehalt ihrer göttlich verordneten Religionsübung offenbarte, beschuldigten sie Ihn der Auflösung des Gesetzes, eben weil sie nur die Schale vor Augen hatten.

Wenn Christi Rede auch Ruhe atmete, war sie doch von so tiefem Ernst und solcher Kraft, dass sie die Herzen der Hörer erschütterte. Die Leute hatten nichts anderes zu hören erwartet, als was ihnen von den Rabbinern bis zum Überdruss gepredigt und geboten worden war. Doch welche angenehme Überraschung erlebten sie! »Denn Er lehrte mit Vollmacht und nicht wie ihre Schriftgelehrten.« Matthäus 7,29 Die Pharisäer merkten gar bald, welcher Abgrund sich zwischen ihrer Lehrweise und der des Herrn auftat. Sie beobachteten, dass die Größe, Reinheit und Schönheit der Wahrheit sich mit ihrer ganzen veredelnden Macht in viele Herzen hineinsenkte. Die göttliche Liebe und das Mitgefühl des Heilandes gewannen Ihm die Herzen der Menschen. Die Schriftgelehrten mussten zusehen, wie seine Lehre ihren ganzen Unterrichtserfolg im Volk in Frage stellte. Er riss die Scheidewand nieder, hinter der ihr Stolz und ihre Einbildung so üppig gedeihen konnten, und sie fürchteten mit Recht, dass Er ihnen das Volk noch ganz entfremden würde. Deshalb folgten sie Ihm mit entschlossener Feindseligkeit in der Hoffnung, eines Tages könnte sich die Gelegenheit bieten, Ihm die Gunst der Masse abwendig zu machen und dann beim Hohen Rat seine Verurteilung und seinen Tod durchzusetzen.

Jesus war auf dem Berg von Spähern umgeben. Während Er die Grundzüge der Gerechtigkeit entfaltete, setzten die Pharisäer das Gerücht in Umlauf, dass seine Lehre in Widerspruch stehe zu den Geboten, die Gott vom Sinai gegeben habe. Der Heiland sagte jedoch nichts, was geeignet war, den Glauben an die Religion und die Bräuche zu erschüttern, die durch Mose gegeben waren. Hatte doch der große Führer Israels alles Licht, mit dem er den Pfad

Israels erleuchtete, von Christus empfangen. Während viele in ihren Herzen sprechen, dass Christus gekommen sei, das Gesetz auszulöschen, hat dieser ganz unmissverständlich seine Stellung zu den göttlichen Geboten kundgetan. »Ihr sollt nicht wähnen«, sprach Er, »dass ich gekommen bin, das Gesetz oder die Propheten aufzulösen.«

Es ist der Schöpfer des Menschen, der Stifter des Gesetzes, der hier erklärt, dass es nicht seine Absicht sei, diese Gebote beiseite zu stellen. Die gesamte Schöpfung, vom Stäubchen im Sonnenstrahl bis zu den Weltenkörpern in unermesslicher Ferne, unterliegt Gesetzen. Ordnung und Einklang der natürlichen Welt hängen von der Beachtung dieser Gesetze ab. Nun gibt es aber auch ein Gesetz der Gerechtigkeit, dem das Leben aller vernünftigen Wesen unterliegt. Von der Einheit mit diesem Gesetz hängt das Wohl und Wehe des ganzen Weltalls ab. Noch ehe es überhaupt eine Erde gab, war das Gesetz Gottes. Engel sind ihm untertänig, und wenn die Erde mit dem Himmel in Einklang stehen soll, muss auch der Mensch nach den göttlichen Richtlinien handeln. Christus machte schon in Eden die Menschen mit dem Gesetz bekannt, da »mich die Morgensterne miteinander lobten und jauchzten alle Gottessöhne«. Hiob 38,7 Die Sendung Christi auf Erden bestand nicht darin, das Gesetz aufzulösen, sondern durch seine Gnade den Menschen zum Gehorsam gegen die göttlichen Vorschriften zurückzuführen.

Der Lieblingsjünger des Herrn, der auch zu der Hörergemeinde auf dem Berg gehört hatte, schrieb lange danach, durch den Heiligen Geist getrieben, dass das Gesetz für immer bindend sei. Aus seiner Feder stammt das Wort: »Die Sünde besteht in der Übertretung des Gesetzes«, und

»jeder, der Sünde tut, übertritt das Gesetz«. 1.Johannes 3,4 Er zeigt deutlich, welches Gesetz er damit meint, nämlich »das alte Gebot, das ihr habt von Anfang gehabt«. 1.Johannes 2,7 Er spricht von dem Gesetz, das schon bei der Schöpfung bestand und auf dem Berge Sinai erneut verkündet wurde.

Und von diesem Gesetz sagt Jesus: »Ich bin nicht gekommen aufzulösen sondern zu erfüllen.« Er bedient sich hier des Wortes »erfüllen« in demselben Sinn wie vorher, als Er Johannes dem Täufer seine Absicht kundtat, »alle Gerechtigkeit zu erfüllen«, Matthäus 3,15 d. h., das Maß der Gesetzesbefolgung voll zu machen, und damit ein Beispiel vollkommener Übereinstimmung mit dem Willen Gottes zu geben.

Seine Sendung bestand darin, »dass Er sein Gesetz herrlich und groß mache«. Jesaja 42,21 Er sollte die geistliche Beschaffenheit des Gesetzes offenbaren, seine allumfassenden Grundlagen aufdecken und seine ewige Gültigkeit darlegen.

Die göttliche Schönheit des Charakters Christi, von dem selbst die edelsten und sanftesten Menschen nur ein schwaches Abbild sind; von dem Salomo unter der Inspiration des Geistes schrieb, dass Er »auserkoren unter vielen Tausenden ... und lieblich« sei Hoheslied 5,10-16; von dem David, als er Ihn in einem Gesicht sah, sprach er: »Du bist der Schönste unter den Menschenkindern« Psalm 45,3 – Jesus, das Ebenbild des Vaters, der Abglanz seiner Herrlichkeit, der sich selbst verleugnende Erlöser, der aus Liebe auf der Erde weilte, war während seines ganzen Erdenlebens ein lebendiges Zeugnis für den Charakter des Gesetzes Gottes. Sein Leben offenbart, dass Liebe, die im Himmel ihren Ursprung hat und christusähnliche Prinzipien die Grundlage für die Gesetze ewiger Rechtschaffenheit bilden.

Jesus sagte: »Bis dass Himmel und Erde vergehe, wird nicht vergehen der kleinste Buchstabe noch ein Tüpfelchen vom Gesetz, bis dass es alles geschehe.« Durch seinen eigenen Gehorsam gegen das Gesetz hat Christus dessen Unwandelbarkeit bezeugt und den Beweis erbracht, dass alle Söhne und Töchter Adams auch diesen vollkommenen Gehorsam aufbringen können. Auf dem Berg erklärte Er, dass nicht ein Pünktchen vom Gesetz vergehen werde, bis alles sich erfüllt habe, alles, was dem Menschengeschlecht bestimmt ist und sich auf den Erlösungsplan bezieht. Er lehrt nicht, dass das Gesetz jemals abgeschafft werden soll, richtet dagegen das Auge nach dem äußersten Punkt des menschlichen Blickfeldes und versichert uns, dass das Gesetz in Kraft bleiben werde, bis wir dort angelangt sind, damit ja niemand annehmen könne, seine Sendung habe auf die Auslöschung der heiligen Vorschriften abgezielt. Solange Himmel und Erde bestehen, wird auch das heilige Gesetz Gottes bleiben. Seine Gerechtigkeit wird bestehen »wie die Berge Gottes«, Psalm 36,7 wird eine Segensquelle sein, von der erquickendes Wasser sich über die Erde ergießt.

Da das Gesetz des Herrn vollkommen, mithin unwandelbar ist, vermag der sündige Mensch aus sich nicht die Höhe seiner Forderungen zu erklimmen. Hier nun griff Jesus als Erlöser ein. Seine Aufgabe bestand darin, den Menschen der göttlichen Natur teilhaftig zu machen, zwischen ihm und dem himmlischen Gesetz den Einklang herzustellen. Wenn wir unsere Sünden lassen und Christus als Heiland aufnehmen, wird das Gesetz erhöht. Der Apostel Paulus stellte die Frage: »Wie? Heben wir denn das Gesetz auf durch den Glauben? Das sei ferne! Sondern wir richten das Gesetz auf.« Römer 3,31

Die Verheißung des Neuen Bundes lautet: »Ich will mein Gesetz in ihr Herz geben, und in ihren Sinn will ich es schreiben.« Hebräer 10,16 Während die Vorbilder, die auf Christus als das Lamm Gottes hinwiesen, mit seinem Tod ihre Erfüllung finden sollten, sind die Grundlagen der Gerechtigkeit, die in den Zehn Geboten sinnfälligen Ausdruck fanden, so unveränderlich wie der ewige Stuhl Gottes. Nicht ein Gebot ist für ungültig erklärt worden, nicht ein Jota, nicht ein Tüttel verändert worden. Die Grundsätze, die der Mensch im Paradies als Lebensgesetz kennenlernte, werden auch im wiederhergestellten Paradies unverändert bestehen. Wenn die Erde wieder als Garten Eden erblühen wird, werden alle, denen Gottes Sonne scheint, seinem Liebesgesetz gehorchen. »Herr, dein Wort bleibt ewiglich.« Psalm 119,89 »Alle seine Ordnungen sind beständig. Sie stehen fest für immer und ewig; sie sind recht und verlässlich.« Psalm 111,7.8 »Längst weiß ich aus deinen Mahnungen, dass du sie für ewig gegründet hast.« Psalm 119,152

»Wer nun eines von diesen kleinsten Geboten auflöst und lehrt die Leute so, der wird der Kleinste heissen im Himmelreich; wer es aber tut und lehrt, der wird groß heissen im Himmelreich.« Matthäus 5,19

Er wird der Kleinste heißen, bedeutet, dass er dort keine Stätte finden wird. Denn wer mutwillig ein Gebot übertritt, bricht sie dem Geist und der Wahrheit nach alle. »So jemand das ganze Gesetz hält und sündigt an einem, der ist's ganz schuldig.« Jakobus 2,10

Nicht die Größe einer Tat des Ungehorsams macht die Sünde aus, vielmehr jede Handlung, die, sei es auch im geringsten, vom ausdrücklichen Willen Gottes abweicht. Eine solche lässt nämlich erkennen, dass der Mensch noch immer an die Sünde gebunden ist. Das Herz dient zwei Herren. Und das ist tatsächlich eine Verleugnung Gottes, die Auflehnung gegen die Gesetze seiner Herrschaft.

Stünde es den Menschen frei, von den Geboten des Herrn abzuweichen und das Maß ihrer Pflichten selbst zu bestimmen, dann würde es so viele Gesetze wie Sinne geben, und Gott hätte keine Möglichkeit mehr, diese Menschen zu regieren. Menschenwille wäre maßgebend, und Gottes Wille, seine Liebesabsicht mit seinen Geschöpfen, würde entehrt und verachtet werden.

Sobald der Mensch seinen eigenen Weg wählt, macht er sich zum Gegner Gottes. Er hat keinen Raum mehr im Königreich der Himmel, steht er doch im Widerspruch zu den himmlischen Geboten. Wer den Willen Gottes verachtet, stellt sich auf die Seite des Teufels, des Feindes Gottes und der Menschen. Weder durch irgendein Wort noch durch ihrer viele, sondern durch jedes Wort, das aus dem Mund Gottes geht, soll der Mensch leben. Wir können nicht ohne Gefahr selbst über das unscheinbarste Gotteswort achtlos hinweggehen. Es gibt nicht ein einziges Gebot im Gesetz, das nicht auf Wohlfahrt und Glück des Menschen abzielte, sowohl für dieses als auch für das zukünftige Leben. Wenn der Mensch das Gesetz Gottes befolgt, ist er wie mit Festungsmauern umgeben und bleibt vor dem Bösen bewahrt. Wer jedoch diesen göttlichen Schutzwall auch nur an einer Stelle einreißt, hat dem Feind den Weg geöffnet, dass er einsteigen, verwüsten und verderben kann.

Als unsere ersten Eltern es wagten, den Willen Gottes in einer einzigen Hinsicht zu übergehen, öffneten sie der

Welt die Schleusen des Unheils. Jeder, der ihrem Beispiel folgt, wird ähnliche Folgen zu tragen haben. Jedes Gebot des Gesetzes Gottes ist auf dem Grundstein der Liebe errichtet. Und wer davon abweicht, stürzt sich ins Unglück und führt seinen eigenen Untergang herbei.

»Es sei denn eure Gerechtigkeit besser als die der Schriftgelehrten und Pharisäer, so werdet ihr nicht in das Himmelreich kommen.« Matthäus 5,20

Die Schriftgelehrten und Pharisäer hatten nicht nur Christus, sondern auch seine Jünger als Sünder hingestellt, weil sie sich über die von jenen vorgeschriebenen Bräuche einfach hinwegsetzten. Die Jünger waren oft durch Tadel und Vorwürfe derer, die sie als Glaubenslehrer zu verehren gewohnt waren, vor den Kopf gestoßen und in Gewissensnot gebracht worden. Jesus entschleierte ihren Betrug. Er erklärte einfach, dass die Gerechtigkeit, auf welche die Pharisäer so großen Nachdruck legten, ohne Wert sei. Die Juden hatten den Anspruch erhoben, vor Gott als ein Volk von Gerechten zu gelten und bei Ihm in besonderem Ansehen zu stehen; Christus indessen wies nach, dass ihrer Religion das Salz des Glaubens fehlte. All ihr frommes Gebaren, ihre menschlichen Klügeleien und Bräuche, selbst ihre prahlerische Erfüllung der äußerlich aufgefassten Gebote konnte ihnen nicht zur Heiligung verhelfen. Sie hatten keine reinen Herzen und auch kein edles, christusgemäßes Wesen.

Gesetzesreligion reicht nicht aus, um den Menschen in Einklang mit Gott zu bringen. Die harte, starre Strenggläubigkeit der Pharisäer, der es an Demut, Mitgefühl und Liebe fehlte, konnte Sündern nur ein Stein des Anstoßes sein. Jene Leute glichen dem Salz, das seine Würzkraft verloren hat. War ihr Wirken doch nicht von der Kraft begleitet, die Welt vor dem Verderben zu bewahren. Der einzig wahre Glaube ist der, »der durch die Liebe tätig ist«. Galater 5,6 Nur er vermag auch die Seele zu läutern. Dem Sauerteig gleich durchdringt, und wandelt er das ganze Wesen.

All das hätten die Juden aus den Schriften der Propheten entnehmen können. Jahrhunderte vor jenen Tagen hatte das Verlangen der Seele, vor Gott gerechtfertigt zu erscheinen, in den Worten des Propheten Micha Ausdruck und Antwort gefunden: »Womit soll ich mich dem Herrn nahen, mich beugen vor dem hohen Gott? Soll ich mich ihm mit Brandopfern nahen und mit einjährigen Kälbern? Wird wohl der Herr Gefallen haben an viel tausend Widdern, an unzähligen Strömen von Öl? ... Es ist dir gesagt, Mensch, was gut ist, und was der Herr von dir fordert, nämlich Gottes Wort halten und Liebe üben und demütig sein vor deinem Gott.« Micha 6,7.8

Der Prophet Hosea hat einmal das Wesen des Pharisäertums mit folgenden Worten gekennzeichnet: »Israel ist ein üppig rankender Weinstock, der seine Frucht trägt. Aber je mehr Früchte er hatte, desto mehr Altäre machten sie.« Hosea 10,1 Der angeblich Gott geweihte Dienst der Juden war in Wirklichkeit auf das Ich gerichtet. Ihre Gerechtigkeit war die Frucht eigenen Bemühens um die Erfüllung des Gesetzes, so wie sie es sich zurechtlegten, mit dem Ziel, sich Vorteil zu verschaffen. Darum konnte auch ihre Gerechtigkeit nicht besser sein, als sie selber waren. Im Eifer um ihre Heiligung waren sie darauf bedacht, Reines vom Unreinen fernzuhalten. Das Gesetz Gottes ist heilig, wie Er heilig ist, vollkommen, wie Er vollkommen ist. Es zeigt dem Menschen die Gerechtigkeit Gottes. Dem Menschen ist es aus sich selbst unmöglich, das Gesetz zu halten. Ist er doch seinem

Wesen nach verderbt, entstellt und dem Wesen Gottes völlig unähnlich. Die Werke des selbstsüchtigen Herzens sind unrein; denn »alle unsre Gerechtigkeit ist wie ein beflecktes Kleid«, und wir sind »alle wie die Unreinen«. Jesaja 64,5

So ist das Gesetz zwar heilig; doch konnten die Juden in ihrem Bemühen um seine Befolgung keine Gerechtigkeit erlangen. Die Jünger Christi mussten zu einer ganz andersartigen Gerechtigkeit als der der Schriftgelehrten und Pharisäer kommen, wenn sie am Königreich der Himmel Anteil haben wollten. Gott hatte ihnen in seinem Sohn die vollkommene Gerechtigkeit des Gesetzes angeboten. Öffneten sie völlig ihre Herzen, den Herrn Jesus zu empfangen, dann wohnte in ihnen Leben aus Gott und seine Liebe, wodurch sie in sein Ebenbild verwandelt wurden. Und so besaßen sie durch Gottes Gnadengabe die Gerechtigkeit, die das Gesetz erfordert. Doch die Pharisäer wiesen Christus ab; weil sie die Gerechtigkeit nicht erkannten, »die Gottes ist«, sondern danach trachteten, »ihre eigene Gerechtigkeit aufzurichten«, Römer 10,3 wollten sie sich der Gerechtigkeit Gottes nicht unterwerfen.

Weiter zeigte Jesus seinen Zuhörern, was es bedeutet, die Gebote Gottes zu halten, nämlich das Wesen Christi in sich widerzuspiegeln. Beispielhaft offenbarte Er ja Gott täglich vor ihnen.

»Wer mit seinem Bruder zürnt, der ist des Gerichts schuldig.« Matthäus 5,22

Der Herr hat durch Mose gesagt: »Du sollst deinen Bruder nicht hassen in deinem Herzen ... damit du nicht seinetwegen Schuld auf dich ladest. Du sollst dich nicht rächen noch Zorn bewahren gegen die Kinder deines Volks. Du sollst deinen Nächsten lieben wie dich selbst.« 3.Mose 19,17.18 Christus verkündigte dieselbe Wahrheit, die schon die Propheten gepredigt hatten. Herzenshärte und Sündendienerei hatten sie nur verdunkelt.

Die Worte des Heilandes offenbarten seinen Zuhörern die Tatsache, dass sie, die andere als Übertreter verurteilten, gleichermaßen schuldig waren; denn sie nährten ja selbst Hass und Neid in ihren Herzen.

Auf der anderen Seite des Sees, gegenüber des Ufers, wo die Versammlung stattfand, lag die Landschaft Basan, eine einsame Gegend, deren wilde Schluchten und waldbedeckte Berge allen Sorten von Verbrechern lange als beliebte Schlupfwinkel gedient hatten. Berichte über dort verübte Räubereien und Mordtaten waren dem Volk noch frisch in Erinnerung und viele waren eifrig auf die Anzeige dieser Missetäter bedacht. Dieselben Leute waren aber leidenschaftlich und streitsüchtig. Sie nährten den grimmigsten Hass gegen die römischen Unterdrücker und spürten keinerlei Hemmung, alle anderen Völker, ja selbst ihre eigenen Landsleute, zu hassen und zu verachten, wenn diese nicht restlos mit ihren eigenen Ansichten einig gingen. Durch all das aber verletzten sie das Gebot, nicht zu töten.

Der Geist des Hasses und der Rache ist mit dem Teufel aufgekommen. Aus diesem Geist tötete er den Sohn Gottes. Wer Hass und Neid nährt, pflegt denselben Geist und wird den Tod davon ernten. Im Rachegedanken liegt bereits der Keim der Übeltat eingeschlossen. »Wer seinen Bruder hasset, der ist ein Totschläger, und ihr wisst, dass ein Totschläger nicht hat das ewige Leben in ihm bleibend.« 1.Johannes 3,15

»Wer aber zu seinem Bruder sagt: Du Nichtsnutz! der ist des Hohen Rats schuldig.« Gott hat uns durch die Hingabe seines Sohnes zu unserer Erlösung bewiesen, welch hohen Wert er auf jeden einzelnen Menschen legt, und gestattet es deshalb keinem Menschen, verächtlich vom andern zu reden. Wohl mögen wir Fehler und Schwächen in unseren Mitmenschen sehen, aber deshalb sind sie doch Gottes Eigentum, einmal durch die Schöpfung und zum andern, weil Er sie durch das kostbare Blut Christi erkauft hat. Alle wurden Ihm zum Bilde geschaffen und selbst die verkommensten Menschen müssen mit Achtung und Nachsicht behandelt werden. Gott wird uns für jedes verächtliche Wort, mit dem wir Menschen verletzt haben, für die Christus sein Leben dahingab, zur Verantwortung ziehen.

»Wer gibt dir einen Vorzug? Was hast du, das du nicht empfangen hast? Wenn du es aber empfangen hast, was rühmest du dich denn, als hättest du es nicht empfangen?« 1.Korinther 4,7 »Wer bist du, dass du einen fremden Knecht richtest? Er steht oder fällt seinem Herrn. Er wird aber stehen bleiben; denn der Herr kann ihn wohl aufrecht halten.« Römer 14,4

»Wer aber sagt: Du gottloser Narr! der ist des höllischen Feuers schuldig.« Im Alten Testament wurde das Wort »Narr« gebraucht, um einen Abtrünnigen oder einen ganz und gar dem Bösen ergebenen Menschen zu bezeichnen. Jesus sagt, wer seinen Bruder als Abtrünnigen oder Gottesverächter verdammt, der beweist damit nur, dass er selbst dieses Urteil verdient hat.

Selbst Christus, »als Er mit dem Teufel stritt und mit ihm rechtete über den Leichnam des Mose, hat nicht gewagt, gegen ihn ein lästerndes Urteil zu fällen.« Judas 9 Hätte Er es getan, dann würde Er sich dem Teufel gleichgestellt haben; denn die Anklägerei ist die Waffe des Bösen. Er wird in der Schrift der »Verkläger unserer Brüder« genannt. Offenbarung 12,10 Jesus aber wollte sich der teuflischen Waffen nicht bedienen, sondern sprach: »Der Herr strafe dich!« Judas 9

Das kann uns als Beispiel dienen. Wenn wir mit den Feinden Christi in Streit geraten, sollen wir nicht aus dem Geist der Rache zu ihnen sprechen, ja nicht einmal etwas sagen, was auch nur den Schein einer Anklage haben könnte. Wer als Sprecher Gottes waltet, darf nicht Worte gebrauchen, die selbst der Höchste im Himmel im Streit mit dem Teufel nicht benutzen würde. Gericht und Verdammung stehen Gott zu.

»Versöhne dich mit deinem Bruder.« Matthäus 5,24

Die Liebe aus Gott ist mehr als eine bloße Verneinung des Bösen; ihr wohnt bejahende Tatkraft inne. Sie ist eine lebendige Quelle, die dauernd zum Segen anderer fließt. Wenn die Liebe Christi in uns wohnt, werden wir nicht nur darauf verzichten, unsere Mitmenschen zu hassen, sondern auf jede nur mögliche Weise ihnen Liebe zu erweisen suchen.

Jesus sprach: »Wenn du deine Gabe auf dem Altar opferst und wirst allda eingedenk, dass dein Bruder etwas wider dich habe, so lass allda vor dem Altar deine Gabe und gehe zuvor hin und versöhne dich mit deinem Bruder, und alsdann komm und opfere deine Gabe.« Durch die Opfergaben brachte der Opfernde seinen Glauben daran zum Ausdruck, dass er durch Christus der Gnade und Liebe Gottes teilhaftig geworden sei. Es wäre ein elendes Possenspiel, wollte jemand äußerlich bekunden, dass er an den Gott der Vatermilde glaubt, während er in seinem Geist von Lieblosigkeit belastet ist.

Wer sich äußerlich zum Dienst Gottes bekennt, dagegen seinem Bruder unrecht tut oder ihn schädigt, lebt diesem einen falschen Begriff vom Wesen Gottes vor. Darum muss er seine Übeltat als Sünde erkennen und sie bekennen, um wieder mit Gott ins Reine zu kommen. Unser Bruder mag uns ein größeres Unrecht zugefügt haben als wir ihm, das ändert jedoch nichts an unserer Verantwortlichkeit. Treten wir vor Gott und es kommt uns in den Sinn, dass ein anderer etwas gegen uns hat, dann schieben wir besser unsere Gabe des Gebetes, der Danksagung oder unsere Spende auf, begeben uns zu unserem Bruder, mit dem wir in Zwiespalt geraten sind, bekennen ihm in Demut unsere Sünde und bitten um Verzeihung.

Haben wir irgendwie unseren Bruder benachteiligt oder geschädigt, dann machen wir den Schaden wieder gut. Haben wir unabsichtlich falsches Zeugnis abgelegt, seine Aussagen unrichtig wiedergegeben, seinen guten Ruf auf irgendeine Weise beeinträchtigt, dann gehen wir hin zu denen, die unsere Auslassungen vernommen haben, und nehmen all unsere schädlichen Entstellungen zurück.

Über Streitfragen zwischen Brüdern sollte man nicht in der Öffentlichkeit verhandeln, sondern sie untereinander freimütig und im Geist der Liebe Jesu Christi besprechen. Wieviel Unheil könnte dadurch abgewendet werden! Wie manche bittere, verderbliche Wurzel könnte auf diese Weise ausgerottet werden! Wie innig und herzlich könnten die Nachfolger Christi dann in seiner Liebe verbunden sein.

»Wer eine Frau ansieht, ihrer zu begehren, der hat schon mit ihr die Ehe gebrochen in seinem Herzen.« Matthäus 5,28

Die Juden waren stolz auf ihre Sittenhaftigkeit und schauten mit Entsetzen auf die sinnlichen Gewohnheiten der Heiden. Die Anwesenheit der römischen Beamten, die durch kaiserliche Verfügung nach Palästina gekommen waren, bereitete den Einheimischen dauernd Ärgernis; hatten doch die Fremden eine Flut heidnischer Sitten, Lüste und Ausschweifung ins Land gebracht. In Kapernaum führten die römischen Beamten offen ihre heiteren Geliebten auf Paraden und Promenaden vor. Die Stille des Sees wurde oft durch ausgelassenes Rufen unterbrochen, das von den Vergnügungsbooten herüberkam, die über das stille Wasser glitten. Die Zuhörerschar Jesu erwartete von Ihm eine scharfe Verurteilung dieser Art von Menschen; statt dessen mussten sie zu ihrer Verwunderung wahrnehmen, dass Er die Schlechtigkeit ihrer eigenen Herzen bloßlegte.

Wenn jemand böse Gedanken hegt und pflegt, selbst in der geheimsten Kammer seines Herzens, ist das nach Jesu Wort ein Zeichen, dass die Sünde im Herzen regiert. Die Seele ist noch voller Bitterkeit des Bösen und liegt noch in Banden der Sünde. Wer Vergnügen daran findet, unsaubere Gedanken zu pflegen, wer sich lüsterne Blicke erlaubt, der sei sich darüber klar, dass das von ihm in der Herzenskammer verborgene Übel, der offenen Sünde nicht nachsteht, die mit Schande belastet und das Herz in Kummer zerschlägt. Die Versuchung, unter der jemand in schwere Sünde fallen mag, erzeugt das Böse nicht, das jetzt zutage tritt; sie bringt vielmehr ans Licht und entwickelt das, was im Herzen geheim und verborgen war. Wie ein Mensch »in seinem Herzen denkt, so ist er«, »denn aus dem Herzen quillt das Leben«. Sprüche 23,7 (King-James-Version) »Behüte dein Herz mit allem Fleiß, denn daraus quillt das Leben.« Sprüche 4,23 »Denn nicht sieht der Herr auf das, worauf ein Mensch sieht. Ein Mensch sieht, was vor Augen ist; der Herr aber sieht das Herz an.« 1.Samuel 16,7

»WENN DIR DEINE RECHTE HAND ÄRGERNIS SCHAFFT, SO HAUE SIE AB UND WIRF SIE VON DIR.« Matthäus 5,30

Um das Übergreifen einer tödlichen Vergiftung auf den ganzen Körper zu verhindern, würde sich jedermann die rechte Hand abnehmen lassen. Wieviel mehr sollte man zur Aufgabe dessen bereit sein, was unser ewiges Leben gefährdet!

Durch das Evangelium sollen verkommene und von Satan geknechtete Seelen erlöst werden, um zur herrlichen Freiheit der Kinder Gottes zu gelangen. Es ist nicht nur Gottes Absicht, sie von den unausbleiblichen Plagen zu befreien, die im Gefolge der Sünde auftreten, sondern sie auch von der Sünde selbst zu erretten. Die mit Unflat bedeckte und entartete Seele soll geläutert und umgestaltet, soll mit der Schönheit des Herrn, unseres Gottes, angetan werden, damit sie »dem Ebenbilde seines Sohnes« Römer 8,29 gleiche. »Was kein Auge gesehen hat und kein Ohr gehört hat und in keines Menschen Herz gekommen ist, was Gott bereitet hat denen, die Ihn lieben.« 1.Korinther 2,9 Erst in der Ewigkeit werden wir einen Begriff davon bekommen, wie herrlich die Bestimmung des zum Ebenbild Gottes wiederhergestellten Menschen ist.

Um dieses hohe Ziel zu erreichen, muss alles, was die Seele behindert, geopfert werden. Die Sünde übt nur in dem Maße Herrschaft über uns aus, wie wir ihr den Willen lassen. Für die Übergabe des Willens an Gott wird das Bild vom Ausreißen des Auges oder Abhackens der Hand gebraucht. Oft meinen wir, sich dem Willen Gottes zu unterwerfen, bedeute, verstümmelt oder verkrüppelt durchs Leben zu gehen. Aber Jesus spricht, es sei besser, dass das Ich verstümmelt, verwundet und verkrüppelt werde, als dass das ewige Leben verlorengehe. Was dir als Missgeschick erscheinen mag, ist Zugang zu höchster Glückseligkeit.

Gott ist die Quelle des Lebens; deshalb können wir nur dann Leben haben, wenn wir mit ihm verbunden sind. Von Gott geschieden, mögen wir unser kurzes Dasein fristen, Leben besitzen wir jedoch nicht. »Welche aber ihren Lüsten lebt, die ist lebendig tot.« 1.Timotheus 5,6 Nur dadurch, dass wir unseren Willen Gott ganz unterwerfen, kann er uns Leben verleihen. Nur wenn wir durch Selbsthingabe sein Leben empfangen, ist es nach dem Wort Jesu möglich, die von ihm angedeuteten geheimen Sünden zu überwinden. Es ist zwar auch möglich, dass wir sie tief in unserem Herzen begraben und sie auf diese Weise vor den Augen der Menschen zu verbergen suchen; doch wie wollen wir so vor Gott bestehen?

Wenn der Mensch sich auf sich selbst verlässt und seinen Willen nicht Gott unterordnen will, wählt er den Tod. Gott ist für die Sünde ein verzehrendes Feuer, wo Er sie auch findet. Wer die Sünde erwählt und sich nicht von ihr trennen will, den wird somit auch der sündenverzehrende Gott vertilgen.

Gewiss kostet es Opfer, wenn du dich Gott übergibst. Aber es wird ja hier Geringes dem Höheren dargebracht, Irdisches dem Geistlichen, Sterbliches dem Ewigen. Und doch will Gott auch nicht unseren Willen vernichten; denn nur durch Willensanspannung ist es uns möglich, seinen Willen auszuführen. Wir sollen unseren Willen nur in seinen Dienst stellen; Er will ihn uns geläutert und gereinigt wiedergeben. Hat er ihn auf seinen göttlichen Willen abgestimmt, dann kann Er Fluten von Liebe und Kraft durch uns ausgießen. Wie sauer und beschwerlich diese Übergabe auch dem eigensinnigen und halsstarrigen Herzen vorkommen mag, gilt ihm dennoch das Wort: »Es ist dir besser...«

Jakob begriff den Sieg des überwindenden Glaubens erst, als er sich dem Engel des Bundes hilflos und lahm an die Brust geworfen hatte. Nun war er auch des göttlichen Fürstentums würdig. Als Jakob »hinkte an seiner Hüfte« 1.Mose 32,32, standen Esaus Bewaffnete still vor ihm und Pharao, der stolze Erbe aus königlichem Geblüt, beugte sich vor ihm, seinen Segen zu erbitten. So wurde auch der »Herzog ihrer Seligkeit durch Leiden« vollkommen gemacht. Hebräer 2,10 Die Kinder des Glaubens »sind kräftig geworden aus der Schwachheit und haben der Fremden Heere zum Weichen gebracht«. Hebräer 11,34 So werden »auch die Lahmen ... plündern« Jesaja 33,23, die Schwachen wie »David« werden und »das Haus David ... wie der Engel des Herrn«. Sacharja 12,8; 1.Mose 1,31

»Ist's auch recht, dass sich ein Mann scheide von seiner Frau?« Matthäus 19,3

Bei den Juden war es zulässig, dass ein Mann wegen irgendeiner geringfügigen Ursache die Ehescheidung vollziehen konnte, wonach es der Frau freistand, sich wieder zu verheiraten. Diese Sitte hatte aber großes Elend und viele Sünden im Gefolge. Jesus sprach es in der Bergpredigt ganz klar aus, dass die Auflösung der ehelichen Verbindung unstatthaft sei, wenn es sich nicht gerade um Treuebruch der einen Seite handelt. Er sagte später einmal: »Wer sich von seiner Frau scheidet, es sei denn um der Hurerei willen, und freit eine andere, der bricht die Ehe.« Matthäus 19,9

Als die Pharisäer einst den Herrn fragten, ob die Scheidung erlaubt sei, wies Er sie auf die Einsetzung der Ehe bei der Schöpfung hin: »Mose hat euch erlaubt, euch zu scheiden von euren Frauen, um eures Herzens Härtigkeit willen;

von Anbeginn aber ist's nicht so gewesen.« Matthäus 19,8 Er führte sie in die seligen Tage von Eden zurück, als Gott alles als »sehr gut« bezeichnet hatte. Ehe und Sabbat nahmen dort ihren Ursprung, beide sind zur Verherrlichung Gottes und zum Segen der Menschheit bestimmt. Als der Schöpfer die Hände des heiligen Paares zum Ehebund vereinigte und das Wort sprach: »Darum wird ein Mann seinen Vater und seine Mutter verlassen und seinem Weibe anhangen, und sie werden sein ein Fleisch« 1.Mose 2,24, schuf Er das Gesetz der Ehe für alle Adamskinder bis ans Ende der Zeit. Und was der himmlische Vater selbst als gut bezeichnet hatte, war ein Gesetz, das dem Menschen zu größtem Segen und höchster Entwicklung verhelfen sollte.

Wie alle anderen guten Gaben Gottes, die der Menschheit als heilig zu hütendes Gut anvertraut wurden, ist auch die Ehe durch die Sünde verdorben worden. Doch das Evangelium zielt darauf ab, ihre Reinheit und Schönheit wiederherzustellen. Sowohl im Alten als auch im Neuen Testament wird die eheliche Verbindung als Bild für den innigen und heiligen Bund gebraucht, der zwischen Christus und seinem Volk, nämlich den Erlösten, besteht, die Er um den Preis von Golgatha erkauft hat. »Fürchte dich nicht«, spricht Er, »... denn der dich gemacht hat, ist dein Mann; Herr Zebaoth heißt sein Name, und dein Erlöser ist der Heilige Israels.« Jesaja 54,4.5 »Kehrt um, ihr abtrünnigen Kinder, spricht der Herr, denn ich bin euer Herr!« Jeremia 3,14 Aus dem Hohenlied klingt uns die Stimme der Braut entgegen: »Mein Freund ist mein, und ich bin sein.« Hoheslied 2,16 Und der ihr »auserkoren unter vielen Tausenden« und »lieblich« ist, Hoheslied 5,10.16 sagt: »Du bist wunderbar schön, meine Freundin, und kein Makel ist an dir.« Hohelied 4,7

In dem Brief des Apostels Paulus an die Christen zu Ephesus lesen wir, dass der Herr den Mann zum Haupt der Frau gemacht habe, ihr Beschützer zu sein und die Familie zusammenzuhalten, wie auch Christus das Haupt der Gemeinde und der Heiland des geheimnisvollen Leibes sei. Deshalb spricht der Apostel: »Wie nun die Gemeinde ist Christus untertan, so seien es auch die Frauen ihren Männern in allen Dingen. Ihr Männer, liebet eure Frauen, gleichwie auch Christus geliebt hat die Gemeinde und hat sich selbst für sie gegeben, auf dass Er sie heiligte, und hat sie gereinigt durch das Wasserbad im Wort, auf dass Er sie sich selbst darstellte als eine Gemeinde, die herrlich sei, die nicht habe einen Flecken oder Runzel oder etwas dergleichen, sondern, dass sie heilig sei und unsträflich. So sollen auch die Männer ihre Frauen lieben.« Epheser 5,24-28

Die Gnade Christi allein kann die Ehe zu dem machen, was sie nach dem Willen Gottes sein soll, eine Gemeinschaft, die der Menschheit Segen und Auftrieb verleiht. Solche Familien auf Erden stellen zusammen durch ihre Einigkeit, ihren Frieden und ihre Liebe, die höhere, die himmlische Familie dar.

Doch genau wie in den Tagen Christi sind auch heute die gesellschaftlichen Verhältnisse so beschaffen, dass nur eine traurige Verunstaltung vom göttlichen Edelbild dieses heiligen Bundes übrigbleibt. Bei alledem aber bietet die Heilsbotschaft Christi denen einen Trost, die der Enttäuschung Bitterkeit empfinden mussten, als sie Kameradschaft und Glück zu erjagen hofften. Geduld und Edelmut, die Christi Geist mitteilt, werden ihr bitteres Los versüßen. Ein Herz, worin Christus Wohnung genommen hat, wird seiner Liebe so voll und zufrieden, dass es sich nicht mehr in dem Wunsch verzehren kann, anderer Beachtung und Teilnahme auf sich gelenkt zu sehen. Durch die Hingabe der Seele an Gott kann seine Weisheit an ihr vollbringen, was menschlicher Weisheit unmöglich ist. Durch die Offenbarung seiner Gnade können Herzen, zwischen denen es fremd und kalt geworden war, durch festere und dauerhaftere als irdische Bande zusammengefügt werden, nämlich durch die goldenen Bande, einer Liebe, die sich in der Versuchung bewährt.

»ICH … SAGE EUCH, DASS IHR ÜBERHAUPT NICHT SCHWÖREN SOLLT.« Matthäus 5,34

Die Begründung dieses Gebotes gibt Jesus selbst wie folgt: »Weder bei dem Himmel, denn Er ist Gottes Thron; noch bei der Erde, denn sie ist seiner Füße Schemel; noch bei Jerusalem, denn sie ist des großen Königs Stadt. Auch sollst du nicht bei deinem Haupt schwören; denn du vermagst nicht ein einziges Haar weiß oder schwarz zu machen.«

Alles kommt von Gott. Wir besitzen nichts, was wir nicht von Ihm empfangen hätten, ja, alles, was wir haben, ist uns durch das Blut Christi erworben worden. All unser Besitz trägt gewissermaßen den Stempel des Kreuzes, ist er uns doch mit dem überaus kostbaren Blut erkauft worden, das als Leben Gottes von uns nie genug gewürdigt werden kann. Deshalb können wir auch zur Bestätigung unseres Wortes nichts verpfänden, weil es ja nicht unser wirkliches Eigentum ist.

Die Juden verstanden das dritte Gebot dahingehend, dass es ihnen den Missbrauch des Namens Gottes untersagte. Dagegen hatten sie keine Bedenken, andere Eide anzuwenden. Der Schwur war ihnen etwas Alltägliches.

Mose hatte ihnen den Falscheid verboten; aber sie hatten viele Hintertüren, durch die sie sich ihren eidlichen Verpflichtungen entzogen. Sie scheuten den ärgsten Missbrauch nicht, schreckten selbst vor dem Meineid nicht zurück, wenn er sich durch schlaue Umgehung des Gesetzes bemänteln ließ.

Jesus verurteilte solche Unsitten und sagte ihnen deutlich, dass diese Anwendung des Eides eine Verletzung des Gottesgebotes sei. Damit untersagte unser Heiland jedoch nicht die Anwendung des Eides vor Gericht, wobei Gott feierlich als Zeuge dafür angerufen wird, dass die gemachte Aussage lautere Wahrheit sei. Hat Jesus selber doch bei seinem Verhör vor dem Hohen Rat die eidliche Aussage nicht verweigert. Der Hohepriester forderte Ihn auf: »Ich beschwöre dich bei dem lebendigen Gott; dass du uns sagest, ob du seist der Christus, der Sohn Gottes.« Jesus antwortete: »Du sagst es.« Matthäus 26,63.64 Hätte Jesus in der Bergpredigt den Eid vor Gericht verworfen, so wäre bei seinem Verhör eine Zurechtweisung des Hohenpriesters zu erwarten gewesen, was zunutze seiner Jünger seine Lehre bekräftigt haben würde.

Gar viele scheuen sich nicht, ihre Mitmenschen zu betrügen, während sie darüber belehrt und auch vom Heiligen Geist gemahnt worden sind, dass es entsetzlich sei, ihren Schöpfer zu belügen. Sollen sie einen Eid ablegen, so wird ihnen eingeschärft, dass sie nicht bloß vor Menschen, sondern auch vor Gott ihr Zeugnis geben, dass sie im Falle falschen Zeugnisses ja vor dem Herzenskündiger stehen, dem die volle Wahrheit bekannt ist. Die Kenntnis der schrecklichen Folgen einer solchen Sünde übt einen hemmenden Einfluss auf sie aus.

Wenn irgend jemand einen Eid leisten kann, dann ist es ganz gewiss der Christ. Er führt sein Leben beständig vor Gott und ist sich darüber klar, dass alle seine Gedanken dem offenbar sind, mit dem er sich verbunden weiß. Nötigt ihn das Gesetz zum Schwur, so darf er sehr wohl Gott zum Zeugen anrufen dafür, dass seine Aussage auf reiner Wahrheit beruhe.

Im folgenden stellte Jesus einen Grundsatz auf, durch den sich der Schwur erübrigen sollte. Wir sollen die Wahrheit zur Richtschnur unserer Worte machen: »Eure Rede aber sei ja, ja; nein, nein. Was darüber ist, das ist vom Übel.«

Damit ist ein Werturteil über alle bedeutungslosen Redensarten und Ausdrücke abgegeben, die sich an der Grenze des Missbrauchs bewegen. Dahin gehören alle unaufrichtigen Höflichkeitsformeln, alle Abweichungen vom wahren Sachverhalt, alle schmeichlerischen und übertriebenen Ausdrücke, die lügnerischen Warenanpreisungen, wie sie im gesellschaftlichen und geschäftlichen Leben üblich sind. Jenes Wort macht alle zu Lügnern, die etwas anderes scheinen wollen, als sie sind, oder deren Worte nicht den tatsächlichen Empfindungen des Herzens entsprechen.

Wenn man diesem Wort Christi Beachtung schenkte, würde manche schlechte Meinung und unfreundliche Herabsetzung unausgesprochen bleiben. Wer könnte wohl, wenn er Handlungen und Beweggründe eines andern beurteilt, behaupten, dass seine Darstellung der Wahrheit gerecht wird? Wie oft ist das Urteil durch Leidenschaft, Stolz und persönliche Empfindsamkeit getrübt! Ein Blick, ein Wort, selbst der Klang der Stimme können mit Falschheit

geladen sein. Ja selbst Tatsachen können so geschildert werden, dass ein falscher Eindruck entsteht.
Bedenke: »Was darüber ist«, nämlich über der Wahrheit, »das ist vom Übel«.

Alles Tun des Christen sollte so klar sein wie die Sonne. Die Wahrheit ist aus Gott; die Lüge in ihrer tausendfachen Gestalt stammt vom Teufel. Wer irgendwie vom festen Pfad der Wahrheit weicht, liefert sich der Gewalt des Bösen aus. Es ist aber auch wirklich nicht so leicht, immer die unverfälschte Wahrheit zu reden. Wir können die Wahrheit nicht reden, wenn wir sie nicht kennen. Wie oft hindern uns vorgefasste Meinungen, einseitiger Standpunkt, mangelhafte Kenntnis und irriges Urteil am richtigen Verstehen der Angelegenheiten, mit denen wir zu tun haben! Wir können die Wahrheit nicht reden, wenn unser Geist nicht dauernd unter der Führung dessen steht, der die Wahrheit ist.

Christus ermahnt uns durch den Apostel Paulus: »Eure Rede sei allezeit lieblich.« Kolosser 4,6 »Lasset kein faul Geschwätz aus eurem Munde gehen, sondern was gut ist und das Nötige fördert, das redet, auf dass es Segen bringe denen, die es hören.« Epheser 4,29 Im Lichte dieser Bibelstellen betrachtet, ist das Wort Jesu in der Bergpredigt eine Ablehnung von Witzen, Albernheiten und unsauberem Geschwätz. Es fordert von unserer Rede nicht nur Wahrheit, sondern auch Reinheit.

Wer von Christus gelernt hat, wird »nicht Gemeinschaft mit den unfruchtbaren Werken der Finsternis« Epheser 5,11 haben. Seine Worte und sein Leben werden einfach, offen und wahr sein, bereitet er sich doch auf die Gemeinschaft der Heiligen vor, in deren »Munde ist kein Falsch gefunden«. Offenbarung 14,5

»ICH ABER SAGE EUCH, DASS IHR NICHT WIDERSTREBEN SOLLT DEM ÜBEL; SONDERN, WENN DIR JEMAND EINEN STREICH GIBT AUF DEINE RECHTE BACKE, DEM BIETE DIE ANDERE AUCH DAR.« Matthäus 5,39

Da die Juden dauernd mit römischen Soldaten in Berührung kamen, gab es oft Veranlassung zum Aufruhr. Über ganz Judäa und Galiläa waren Truppen verteilt und das Volk wurde durch ihren Anblick immer an seine nationale Demütigung erinnert. Mit tiefem Ingrimm hörten sie den lauten Schall der Trompeten, sahen die Truppe sich um das römische Feldzeichen scharen und dem Sinnbild ihrer Macht Ehrenbezeugungen erweisen. Durch häufige Zusammenstöße zwischen Volk und Soldaten wurde der allgemeine Hass immer größer. Wenn ein römischer Beamter mit einer Schutzwache von Ort zu Ort eilte, griff er einfach jüdische Bauern auf, die er gerade bei der Feldarbeit antraf und zwang sie, Lasten bergauf zu tragen oder sonst einen Dienst zu verrichten. Das war bei den Römern Gesetz und Brauch, und die Verweigerung solchen Ansinnens hätte Strafen und Quälereien eingebracht. Mit jedem Tage fraß sich die Sehnsucht tiefer in die Herzen, endlich das verhasste Joch abzuwerfen. Besonders die harten, kühnen Galiläer waren aufs tiefste empört. Kapernaum war als Grenzstadt Sitz einer römischen Garnison und gerade als Jesus predigte, wurde in seinen Zuhörern durch eine Abteilung vorüberziehender Soldaten der bittere Gedanke an Israels Demütigung aufs neue wachgerufen. Die Leute setzten ihre ganze Hoffnung auf Christus, von dem sie erwarteten, dass Er das stolze Rom recht tief demütigen werde.

Jesus schaute mit Betrübnis in all die zu Ihm aufblickenden Angesichter. Er erkannte, dass ihnen der Geist der

Rache seinen Stempel aufgedrückt hatte, und wusste, wie sehr das Volk sich nach der Macht sehnte, seine Unterdrücker zu vernichten. Traurig bittet Er sie: Widerstrebet nicht »dem Übel; sondern, wenn dir jemand einen Streich gibt auf deine rechte Backe, dem biete die andere auch dar«.

Mit diesen Worten wiederholte Er nur, was schon im Alten Testament geschrieben stand. Wohl findet sich dort auch die Regel »Auge um Auge, Zahn um Zahn«, 3.Mose 24,20 doch hatte Mose diese auf die Obrigkeit berechnet. Sonst war niemand berechtigt, die Rache selbst in die Hand zu nehmen, denn der Herr hatte geboten: »Sprich nicht: ‚Ich will Böses vergelten!'« Sprüche 20,22 »Sprich nicht: ‚Wie einer mir tut, so will ich ihm auch tun'.« Sprüche 24,29 »Freue dich nicht über den Fall deines Feindes.« Sprüche 24,17 »Hungert deinen Feind, so speise ihn mit Brot, dürstet ihn, so tränke ihn mit Wasser.« Sprüche 25,21

Jesus hat das in seinem ganzen Erdenleben durchgeführt. Er verließ sein himmlisches Heim, um seinen Feinden das Brot des Lebens zu bringen. Von der Krippe bis zum Grabe ist Er verleumdet und verfolgt worden. Trotzdem hat Ihn das eben zu keiner anderen Äußerung gezwungen als der, dass Er liebend vergebe. Er hat durch den Propheten Jesaja gesprochen: »Ich bot meinen Rücken dar denen, die mich schlugen, und meine Wangen denen, die mich rauften. Mein Angesicht verbarg ich nicht vor Schmach und Speichel.« Jesaja 50,6 Und weiter: »Als Er gemartert ward, litt Er doch willig und tat seinen Mund nicht auf wie ein Lamm, das zur Schlachtbank geführt wird; und wie ein Schaf, das verstummt vor seinem Scherer, tat Er seinen Mund nicht auf.« Jesaja 53,7 Vom Kreuz auf Golgatha her klingt durch die Zeiten hindurch das Gebet für seine Mörder und das Hoffnungswort an den sterbenden Übeltäter.

Christus lebte in der Gegenwart Gottes, daher war Ihm alles, was Ihm begegnete, von der ewigen Liebe zum Segen der Welt bestimmt. Das diente Ihm zum Trost und soll auch unsere Trostquelle sein. Wer vom Geist Christi erfüllt ist, der bleibt in Christus. Der Streich, der auf ihn abgezielt ist, trifft den Heiland, der sich schützend vor ihn stellt. Trifft ihn selbst aber etwas, so kommt es von Christus. Es tut gar nicht not, dass er dem Bösen widerstehe, weil ja Christus seine Wehr ist. Nur was der Herr zulässt, kann ihm begegnen, denn »wir wissen aber, dass denen, die Gott lieben, alle Dinge zum Besten dienen«. Römer 8,28

»Wenn jemand mit dir rechten will [vor Gericht mit dir streiten] und deinen Rock nehmen, dem lass auch den Mantel. Und wenn dich jemand nötigt eine Meile, so gehe mit ihm zwei.« Matthäus 5,40.41

Jesus gebot seinen Jüngern nicht nur, der Obrigkeit nicht zu widerstreben, sondern sogar über das Maß der auferlegten Pflicht hinauszugehen. Sie sollten allen ihren Verpflichtungen bestens gerecht werden, auch wenn das Landesgesetz dies nicht verlangte. Das durch Mose gegebene Gesetz forderte äußerste Rücksicht gegen die Armen. Wenn ein armer Mann sein Kleid als Pfand oder Sicherheit für eine Schuld hinterlegen wollte, durfte der Gläubiger nicht in sein Haus gehen, um es zu holen, sondern musste auf der Straße warten, bis es ihm hinausgebracht wurde. Und mochten die Umstände sein, wie sie wollten, am Abend musste das Pfand dem Eigner zurückerstattet werden. (5.Mose 24,10-13) Zur Zeit Christi fanden diese Regeln der Barmherzigkeit nur noch wenig Beachtung. Jesus aber lehrte seine Jünger, sich der Gerichtsentscheidung zu fügen, auch wenn sie darüber hinausreichte, was im Gesetz Moses verlangt war. Sie sollten sogar bereit sein, im gegebenen Fall ein Kleidungsstück herzugeben, und – um den Gläubiger zufriedenzustellen – diesem auf Verlangen mehr zu erstatten, als der Urteilsspruch besagte. »Wenn jemand mit dir rechten will und deinen Rock nehmen, dem lass auch den Mantel.« Und fordert einer, eine Meile mit ihm zu gehen, dann geh mit ihm sogar zwei Meilen.

Jesus fügte dem noch hinzu: »Gib dem, der dich bittet, und wende dich nicht von dem, der dir abborgen will.« Den gleichen Satz hatte schon Mose aufgestellt: »Wenn einer deiner Brüder arm ist in irgendeiner Stadt in deinem Lande, das der Herr, dein Gott, dir geben wird, so sollst du dein Herz nicht verhärten und deine Hand nicht zuhalten gegenüber deinem armen Bruder, sondern sollst sie ihm auftun und ihm leihen, soviel er Mangel hat.« 5.Mose 15,7.8 Dies Bibelwort erklärt den Ausspruch des Heilandes. Christus lehrt nicht, allen, die um Unterstützung bitten, freimütig zu geben, sondern spricht: »Du sollst ihm leihen, soviel er Mangel hat.« Dass wir besser ein Geschenk machen als Geld nur auszuleihen, erkennen wir aus dem Wort: »Leihet, wo ihr nichts dafür hofft.« Lukas 6,35

»Liebet eure Feinde.« Matthäus 5,44

Das Wort des Herrn: »Ich aber sage euch, dass ihr nicht widerstreben sollt dem Übel«, war für die rachsüchtigen Juden eine harte Rede gewesen, und sie murrten darüber im Stillen. Da fügte Jesus noch einen stärkeren Ausspruch hinzu:

»Ihr habt gehört, dass gesagt ist: ‚Du sollst deinen Nächsten lieben und deinen Feind hassen‘. Ich aber sage euch: Liebet eure Feinde; segnet, die euch fluchen; tut wohl denen, die euch hassen; bittet für die, so euch beleidigen und verfolgen, auf dass ihr Kinder seid eures Vaters im Himmel.«

Das war der Geist des Gesetzes, das die Schriftgelehrten zu einem kalten und strengen Regelbuch herabgewürdigt hatten. Sie hielten sich für besser als andere Menschen und glaubten durch ihre Geburt als Israeliten bei Gott besondere Vorzüge genießen zu können. Jesus dagegen machte die Gesinnung versöhnlicher Liebe zum Beweisstück dafür, ob jemand sittlich wertvoller sei als die verachteten Zöllner und Sünder.

Jesus sprach zu seinen Zuhörern vom Weltenherrscher als von »unserm Vater«. Er wollte ihnen damit verständlich machen, in welch innigem Verhältnis Gott zu ihnen stand. Er lehrte, dass Gott auch jedem Verlorenen nachgeht; denn »wie sich ein Vater über Kinder erbarmt, so erbarmt sich der Herr über die, die ihn fürchten«. Psalm 103,13 Ein solcher Gottesbegriff findet sich außer in der biblischen in keiner andern Religion der Erde. Im Heidentum ist das höchste Wesen ein mehr Furcht als Liebe einflößender Gott. Das Heidentum kennt nur die grollende Gottheit, die durch Opfer besänftigt werden muss, und weiß nichts von dem Vater, der seine Kinder mit Liebe überschüttet. Selbst das Volk Israel war gegenüber der köstlichen Verkündigung der Propheten von Gott so blind geworden, dass diese Offenbarung seiner Vaterliebe ihnen eigenartig, wie ein neues Geschenk für diese Welt, vorkam.

Die Juden glaubten, dass Gott liebe, die Ihm dienen, und das waren nach ihrer Anschauung alle, die Aufsätze der Schriftgelehrten befolgten. Die übrigen Menschen stünden ihrer Meinung nach unter seinem Zorn und Fluch. Jesus dagegen verkündigte, dass die ganze Welt mit Guten und Bösen im Sonnenschein der Liebe Gottes glänze. Das hätten sie sich auch von der Natur sagen lassen können, denn »Er lässt seine Sonne aufgehen über die Bösen und über die Guten und lässt regnen über Gerechte und Ungerechte«. Matthäus 5,45

Nicht durch eine ihr selbst innewohnende Kraft bringt die Erde ihre Gaben hervor und vollzieht ihren Kreislauf um die Sonne, sondern die Hand Gottes leitet die Wandelsterne und hält sie auf ihrer himmlischen Bahn. Durch seine Kraft folgen Sommer und Winter, Saat und Ernte, Tag und Nacht einander in regelmäßigem Wechsel. Durch sein Wort gedeiht das Pflanzenreich, erscheinen die Blätter und blühen die Blumen. Alle Güter, die wir haben, jeder Sonnenstrahl und jeder Regenschauer, jeder Bissen Nahrung und jeder Augenblick des Lebens ist eine Gabe der Liebe.

Als wir noch lieblos und unverträglich waren, »verhasst und hassten uns untereinander«, hatte unser himmlischer Vater schon Erbarmen mit uns. Da »aber erschien die Freundlichkeit und Leutseligkeit Gottes, unsers Heilandes«, und »rettete ... uns, nicht um der Werke willen der Gerechtigkeit, die wir getan hatten, sondern nach seiner Barmherzigkeit«. Titus 3,3-5 So wird seine Liebe, wenn wir sie in uns aufnehmen, auch uns freundlich und gütig machen, und zwar nicht allein gegen diejenigen, die uns gefallen, sondern auch gegen die Irrenden, ja selbst gegen die Schuldigsten und Sündhaftesten.

Kinder Gottes sind Menschen, die der göttlichen Natur teilhaftig sind. Nicht irdische Stellung, Geburt, Volkszugehörigkeit noch religiöser Besitz, weisen uns als Glieder der Familie Gottes aus; dazu gehört ganz allein die Liebe, die Liebe zu allen Menschen. Selbst Sünder, deren Herzen dem Heiligen Geist noch nicht ganz verschlossen sind, zeigen sich empfänglich für Freundlichkeit. Haben sie Hass um Hass gegeben, werden sie nun Liebe mit Liebe vergelten. Der Geist Gottes aber wird sie dahin führen, dass auch sie Liebe für Hass geben können. Zu Undankbaren und Bösen freundlich sein, Gutes tun ohne Hoffnung auf Entgelt, das ist das Kennzeichen himmlischen Königtums, und so legen die Kinder des Höchsten ihren hohen Standpunkt dar.

»Darum sollt ihr vollkommen sein, gleichwie euer Vater im Himmel vollkommen ist.«

Matthäus 5,48

Das Wort »darum« leitet eine Schlussfolgerung ein, deutet an, dass etwas vorausgegangen ist. Jesus hatte seiner Hörergemeinde soeben die unendliche Liebe und Barmherzigkeit Gottes geschildert und »darum« gebot Er ihnen, vollkommen zu sein. Weil euer himmlischer Vater gütig ist »über die Undankbaren und Bösen« Lukas 6,35, weil Er sich herniederneigte, dich zu erheben, »darum«, sagte Jesus, »kannst du Ihm wesensähnlich werden und als Schuldloser vor Menschen und Engeln stehen«.

Die Bedingungen zum ewigen Leben sind heute, unter der Gnade, noch die gleichen, wie sie einst im Paradies waren – vollkommene Gerechtigkeit, Einklang mit Gott, restlose Übereinstimmung mit der Grundlage des Gesetzes.

Das Bildungsziel unseres Wesens ist im Alten Testament das gleiche wie im Neuen Testament. Es ist kein Hochziel, das unerreichbar wäre. Jedes Gebot, jeder Auftrag Gottes, enthält auch eine gewisse Verheißung. Gott hat Vorkehrung getroffen, dass wir Ihm gleich werden können, und Er wird das auch an allen zustande bringen, deren Wille nicht entgegengesetzt gerichtet ist und dadurch seine Gnade unwirksam macht.

Gott hat uns mit unaussprechlicher Liebe geliebt. Die Gegenliebe wird bei uns erwachen, sobald wir anfangen, die Länge, Breite, Tiefe und Höhe der Liebe zu begreifen, die alle Erkenntnis übertrifft. Durch Offenbarung der anziehenden Lieblichkeit Christi, durch Erkenntnis seiner Liebe zu uns, als wir noch Sünder waren, wird das harte Herz weich und demütig; der bisher Sünder war, wird nun ein Kind Gottes. Gott bedient sich keiner Zwangsmaßnahmen; die Liebe ist das Mittel, mit dem Er die Sünde aus dem Herzen tilgt. Durch die Liebe verwandelt Er den Stolz in Demut, Feindschaft und Unglauben in Liebe und Glauben.

Die Juden hatten sich aufs Äußerste bemüht, aus eigener Kraft vollkommen zu werden aber sie hatten das Ziel verfehlt. Christus hatte ihnen bereits gesagt, dass sie in eigener Gerechtigkeit nie das Königreich der Himmel erlangen würden. Nun aber zeichnete Er ihnen das Wesen der Gerechtigkeit, die allen Himmelsbürgern eigen sein wird. In der ganzen Bergpredigt schildert Er ihre Frucht und in diesem einen Satz nennt Er ihre Quelle und ihr Wesen. Seid vollkommen, wie Gott vollkommen ist. Das Gesetz ist nichts anderes als die Abschrift des Charakters Gottes. Seht in eurem himmlischen Vater die vollkommene Offenbarung der Grundsätze, auf die sich seine Regierung gründet!

Gott ist Liebe. Wie die Sonne ihre Strahlen sendet, strömt Er auf alle seine Geschöpfe Liebe, Licht und Freude aus. Es ist seine Natur, Gaben auszustreuen. Das Sein Gottes ist immer nur Ausströmen selbstloser Liebe. Er sagt uns, dass wir vollkommen sein sollen wie Er, in der gleichen Weise. Wir sollen in unserem Lebenskreis Sammelpunkte von Licht und Segen sein, wie Gott ein solcher im Weltall ist. Haben wir auch nichts aus uns selbst, so scheint uns doch das Licht seiner Liebe, und wir sind bestimmt, seinen Glanz widerzustrahlen. Durch von Gott geliehene Güte gut geworden, können wir nun in unserem Kreise vollkommen sein wie Gott in dem seinen.

Jesus sagte: »Seid vollkommen, so wie euer Vater vollkommen ist.« Matthäus 5,48 Wenn ihr Gottes Kinder seid, dann seid ihr Teilhaber seiner Natur und es ist nichts anderes möglich, als dass ihr Ihm ähnlich seid. Jedes Kind lebt durch das Leben seines Vaters. Wenn ihr Gottes Kinder seid, von seinem Geist gezeugt, lebt ihr durch das Leben Gottes. In Christus wohnt »die ganze Fülle der Gottheit leibhaftig« Kolosser 2,9 und es wird »auch das Leben Jesu offenbar ... an unserm sterblichen Fleische«. 2.Korinther 4,11 Dieses Leben in euch wird denselben Charakter und dieselben Werke hervorbringen, wie es das in Ihm tat. Auf diese Weise werdet ihr mit jeder Weisung seines Gesetzes in Einklang sein, denn »das Gesetz des Herrn ist vollkommen und erquickt die Seele«. Psalm 19,8 Durch Liebe wird die »Gerechtigkeit, vom Gesetz gefordert, in uns erfüllt ..., die wir nun nicht nach dem Fleisch leben, sondern nach dem Geist«. Römer 8,4

Wahrer Gottesdienst

»HABT ACHT AUF EURE FRÖMMIGKEIT, DASS IHR DIE NICHT ÜBT VOR DEN LEUTEN, AUF DASS IHR VON IHNEN GESEHEN WERDET.« Matthäus 6,1

In den Worten, die Christus auf dem Berg sprach, kam zum Ausdruck, was er mit seinem Leben bisher still hatte lehren wollen, die Leute aber nicht hatten verstehen können. Sie konnten nicht begreifen, dass Er, der doch so große Kraft besaß, diese nicht zur Gewinnung dessen benutzte, was sie als höchstes Gut betrachteten. Ihre Gedanken und Gefühlswelt und auch ihre Lebensführung waren so ganz anders als die seine. Indem sie für sich den Ruhm beanspruchten, sehr auf die Ehrung des Gesetzes bedacht zu sein, suchten sie in Wirklichkeit ihre eigene Ehre. Christus aber wollte ihnen klarmachen, dass auch der ein Gesetzesübertreter ist, der das Ich liebt.

Doch die Prinzipien, die von den Pharisäern gepflegt wurden, waren die Eigenschaften der Menschen aller Zeitalter. Die Geisteshaltung des Pharisäertums ist der Geist der menschlichen Natur; und als der Heiland seinem eigenen Geist und seiner Handlungsweise im Gegensatz zu der der Rabbiner aufzeigt, ist seine Lehre gleichzeitig auf Menschen aller Zeiten anwendbar.

In den Tagen Christi suchten die Pharisäer sich fortwährend die Gnade des Himmels zu verdienen, weil sie als Lohn ihrer Tugend Ehre und Reichtum der Welt zu gewinnen hofften. Gleichzeitig glänzten sie mit ihren Liebeswerken vor den Leuten, um deren Aufmerksamkeit auf sich zu lenken und bei ihnen in den Ruf der Heiligkeit zu gelangen.

Jesus rügte ihre Schauspielerei und erklärte, dass Gott solchem Dienst seine Anerkennung versage. Die Schmeichelei und Bewunderung des Volkes, worauf sie so eifrig bedacht waren, seien der einzige Lohn, den sie je empfangen würden.

»Sie haben ihren Lohn dahin. Wenn du aber Almosen gibst, so lass deine linke Hand nicht wissen, was die rechte tut, auf dass dein Almosen verborgen sei; und dein Vater, der in das Verborgene sieht, wird dir's vergelten.«

Damit hat Jesus nicht sagen wollen, dass Liebesdienste immer geheimgehalten werden müssen. Der Apostel Paulus, der ja unter dem Einfluss des Heiligen Geistes schrieb, verhehlte die edle Selbstaufopferung der mazedonischen Christen nicht, sondern pries die Gnade, die Christus in ihnen gewirkt hatte und dadurch wurden andere vom selben Geist erfüllt. An die Gemeinde zu Korinth schrieb er: »Euer Beispiel wurde vielen ein Anreiz.« 2.Korinther 9,2

Was Christus zum Ausdruck bringen wollte, geht aus seinen eigenen Worten hervor: Liebeswerke sollten nicht Lob und Ehre vor den Menschen zum Ziel haben. Wahre Frömmigkeit trachtet nicht danach, vor den Leuten zu glänzen. Wer nach Lob und Schmeichelworten giert, wer sich an ihrer Süßigkeit berauscht, ist nur ein Namenschrist.

Die Nachfolger Christi sollen durch ihre guten Werke Ehre erlangen, dass nicht sie gepriesen werden, sondern der, durch dessen Gnade und Kraft sie haben wirken können. Alle guten Werke werden durch den Heiligen Geist gewirkt;

der Geist aber ist gegeben, damit nicht der Empfänger, sondern der Geber gepriesen werde. Wenn Christi Licht in der Seele entflammt worden ist, wird der Mund voll Lob und Dank gegenüber Gott sein. Nicht deine Gebete, die Erfüllung deiner Pflichten, deine Wohltaten, deine Selbstverleugnung werden dann im Mittelpunkt all deines Denkens und deiner Gespräche stehen, sondern Jesus wird verherrlicht werden. Das Ich wird verschwinden, Christus dagegen alles und in allem sein.

Wir sollen aufrichtig geben, aus Mitleid und Liebe zu den Leidenden und nicht, um mit unserer Guttat zu prangen. Ehrliche Absicht und wahre Herzensgüte sind die Beweggründe, die vor Gott Wert haben. Eine in ihrer Liebe aufrichtige und in ihrer Hingabe ungeteilte Seele ist köstlicher bei Gott als das Gold von Ophir.

Wir sollen nicht an die Belohnung, sondern an unseren Dienst denken. Die in diesem Sinne verrichtete Liebestat wird ja ohnehin ihren Lohn finden. »Dein Vater, der in das Verborgene sieht, wird dir‘s vergelten.« Da nun in Wahrheit Gott selbst unser großer Lohn ist, in dem jegliche andere Belohnung eingeschlossen liegt, empfangen wir Ihn und freuen uns seiner nur dann, wenn wir in sein Wesen hineinwachsen. Gleiches nur kann Gleiches würdigen. In dem Maße, wie wir uns Gott zum Dienste an der Menschheit weihen, schenkt Er sich auch uns.

Es kann niemand sein Herz und sein Leben dem Segensstrom Gottes aufschließen und ihn andern zugute kommen lassen, ohne selbst reichen Segen zu empfangen. Hänge und Ebenen, die den zum Meer eilenden Bergwassern ein Bett bieten, büßen dadurch nichts ein. Was sie daran gegeben haben, erhalten sie hundertfältig wieder. Denn der Strom, der ruhig seines Weges zieht, lässt Gedeihen und Fruchtbarkeit zurück. Das Gras an seinen Ufern steht saftig grün, die Bäume strotzen vor Kraft, Blumen blühen in Hülle und Fülle.Wenn die unbarmherzige Sommersonne Wiesen und Felder verbrannt hat, bezeichnet ein grüner Streifen den Lauf des Flusses. Und die Erde, die ihr Antlitz durchfurchen ließ, der Berge Reichtum in das Meer zu leiten, wird mit frischem Wuchs und mit Schönheit angetan, so von der Belohnung zeugend, die Gott in Gnaden allen gewährt, welche für die Welt ein Flussbett seiner Himmelsgüter sein wollen.

Das ist der Segen aller, die den Armen Barmherzigkeit erweisen. Der Prophet Jesaja spricht: »Brich dem Hungrigen dein Brot, und die im Elend ohne Obdach sind, führe ins Haus! Wenn du einen nackt siehst, so kleide ihn und entzieh dich nicht deinem Fleisch und Blut! Dann wird dein Licht hervorbrechen wie die Morgenröte, und deine Heilung wird schnell voranschreiten, und deine Gerechtigkeit wird vor dir hergehen, und die Herrlichkeit des Herrn wird deinen Zug beschließen. Dann wirst du rufen, und der Herr wird dir antworten. Wenn du schreist, wird Er sagen: Siehe, hier bin ich ...Und der Herr wird dich immerdar führen und dich sättigen in der Dürre und dein Gebein stärken. Und du wirst sein wie ein bewässerter Garten und wie eine Wasserquelle, der es nie an Wasser fehlt.« Jesaja 58,7-9.11

Das Werk der Mildtätigkeit hat doppelten Segen. Wer dem Bedürftigen gibt, segnet andere, empfängt aber selber noch größeren Segen. Die Gnade Christi entwickelt im Menschen Wesenszüge, die der Selbstsucht völlig entgegengesetzt sind und das Leben verschönern, veredeln und bereichern. Stille Werke der Güte werden Herzen zusammenschmieden und sie zum Herzen dessen ziehen, aus dem alle gute Regung entspringt. Die kleinen Aufmerksamkeiten, die unauffälligen Liebes- und Opfertaten, die sich wie Blumendüfte sanft übers Leben breiten, tragen gar viel zum Segen und Glück unseres Tages bei. Schließlich wird sich zeigen, dass die Selbstverleugnung zum Besten und zum Glück anderer, auch wenn sie unwesentlich und unbeachtet scheint, im Himmel als Zeichen unserer Verbindung mit dem König der Herrlichkeit anerkannt wird, der reich war, aber um unsertwillen arm wurde.

Das Werk der Barmherzigkeit mag ganz in der Stille ausgerichtet worden sein, der gesegnete Einfluss auf den Täter ist jedoch nicht zu verbergen. Wirken wir von ganzem Herzen als Nachfolger Christi, dann wird unser Herz in innigem Einklang mit Gott stehen. Der Geist Gottes wird auf unseren Geist einwirken, und heilige Ausgeglichenheit der Seele wird der Ausklang der göttlichen Bezeugung in uns sein.

Der Gott, der denen noch mehr Gaben verleiht, die von den ihnen Anvertrauten weisen Gebrauch machen, nimmt mit Freuden den Dienst seiner Glaubenskinder wahr, den sie im Namen seines geliebten Sohnes und durch dessen Gnade und Kraft wirken. Wer dadurch nach Entwicklung und Vollkommenheit christlichen Wesens getrachtet hat, dass er seine Kräfte in guten Werken übte, wird in der zukünftigen Welt die Ernte dieser Saat einsammeln. Das auf Erden angefangene Werk wird in jenem höheren und heiligeren Leben zur höchsten Entfaltung gelangen und dann in Ewigkeit bestehen.

»Wenn ihr betet, sollt ihr nicht sein wie die Heuchler.« Matthäus. 6,5

Die Pharisäer hatten bestimmte Stunden zum Gebet. Wenn sie sich, wie es oft vorkam, zur Gebetszeit gerade unterwegs befanden, hielten sie sofort inne, wo sie auch waren, auf der Straße, auf dem Markt, im Menschengewühl, und leierten dann mit lauter Stimme ihre auswendig gelernten Gebete herunter. Diese Art der Gottesverehrung, mehr auf Selbstverherrlichung berechnet, musste bei Jesus scharfen Widerspruch auslösen. Er war durchaus nicht gegen das öffentliche Gebet, betete Er doch selbst mit seinen Jüngern und auch vor dem ganzen Volke. Aber Er will sagen, dass das persönliche Gebet nicht in die Öffentlichkeit gehört. Unsere Gebete in stiller Andacht sind nur für das Ohr des Gebete erhörenden Gottes bestimmt. Kein neugieriges Ohr hat solchen Bittseufzern zu lauschen.

»Wenn du aber betest, so gehe in dein Kämmerlein.« Schaffe dir einen Ort zum stillen Gebet. Jesus hatte manch stilles Plätzchen, wo Er die Gemeinschaft mit Gott pflegte, und wir wollen uns auch ein solches schaffen. Wir haben es oft nötig, uns dahin zurückzuziehen, ganz gleich, wie bescheiden es sein mag, um mit Gott allein zu sein.

»Bete zu deinem Vater, der im Verborgenen ist.« In Jesu Namen dürfen wir mit kindlichem Vertrauen vor Gott treten.Wir brauchen keinen Menschen als Mittler. Durch Jesus öffnen wir unsere Herzen dem Gott, der uns kennt und uns liebhat.

Im stillen Gebetskämmerlein, wo nur das Auge Gottes uns erblickt, wo nur sein Ohr uns hört, können wir dem Vater der unendlichen Barmherzigkeit unsere verborgensten Anliegen und Wünsche offenbaren. Und in der Einsamkeit, wenn die Seele still geworden ist vor Gott, werden wir in unseren Herzen die Stimme vernehmen, die noch immer den Schrei aus menschlicher Not beantwortet hat.

»Der Herr ist barmherzig und ein Erbarmer.« Jakobus 5,11 Mit unermüdlicher Liebe wartet Er darauf, das Bekenntnis der Irrenden anzuhören und ihre Reue entgegenzunehmen. Er erwartet Dank von unserer Seite, gleich der Mutter, die auf die anerkennende Freude ihres geliebten Kindes achtet. Er möchte uns begreifen sehen, wie ernst und innig sein Herz sich nach uns sehnt. Er bittet uns, bei Schwierigkeiten mit seinem Mitgefühl, bei Sorgen mit seiner Liebe, bei Wunden mit seiner Heilkraft, bei Schwachheit mit seiner Stärke, bei Mangel mit seiner Fülle, zu rechnen. Er hat noch niemanden enttäuscht, der zu Ihm kam. »Die auf Ihn sehen, werden strahlen vor Freude, und ihr Angesicht soll nicht schamrot werden.« Psalm 34,6

Wer Gott im Kämmerlein sucht, Ihm seine Nöte darlegt und Ihn um Hilfe bittet, wird nicht vergeblich beten. »Dein Vater, der in das Verborgene sieht, wird dir's vergelten.« Wenn wir Christus zu unserem täglichen Begleiter wählen, werden wir die Mächte einer unsichtbaren Welt um uns spüren. Und schauen wir auf Jesus, so werden wir seinem Bilde ähnlich. Durch Anschauen werden wir verwandelt. Unser Wesen wird sanft, fein und edel gemacht und so auf das Königreich der Himmel zugerichtet. Durch Gemeinschaft mit unserem Herrn und seine Nachfolge werden wir ganz gewiss in Barmherzigkeit, Reinheit und Inbrunst wachsen. Wir werden zu Betern werden. Wir werden eine göttliche Erziehung empfangen und all das in unserem Leben mit Fleiß und Eifer an den Tag legen.

Die Seele, die sich täglich in ernstem Gebet zu Gott um Hilfe, Beistand und Kraft wendet, wird edlen Eingebungen folgen, klare Erkenntnis von Wahrheit und Pflicht besitzen, aus edlen Beweggründen handeln und fortwährend nach Gerechtigkeit hungern und dürsten. Durch fortwährende Verbindung mit Gott wird uns im Verkehr mit unseren

Mitmenschen die Fähigkeit zuteil, ihnen das Licht, den Frieden und die Ruhe zu vermitteln, die in unseren Herzen die Herrschaft haben. Die Kraft, die wir aus dem Gebet zu Gott schöpfen, macht uns im Verein mit dem anhaltenden Bestreben, vorsichtig und achtsam zu sein, für unsere täglichen Pflichten geschickt und bewahrt unserem Geist unter allen Umständen den Frieden.

Wenn wir vor Gott treten, wird Er uns schon ein Wort in den Mund legen, das wir zum Preis seines Namens zu Ihm reden können. Er wird uns einen Vers aus dem Gesang der Engel lehren, um Ihm, unserem himmlischen Vater, zu danken. In jeder Tat unseres Lebens werden sich das Licht und die Liebe des in uns wohnenden Heilandes offenbaren. Äußere Schwierigkeiten können das Leben nicht stören, das wir durch den Glauben an den Sohn Gottes leben.

»Wenn ihr betet, sollt ihr nicht viel plappern wie die Heiden.« Matthäus 6,7

Die Heiden glaubten von ihren Gebeten, dass ihnen schon an sich Kraft zur Sündenvergebung innewohne. Je länger deshalb das Gebet, desto größer der Nutzen. Wenn sie aus eigener Kraft die Heiligung erlangen konnten, lag in ihnen selbst auch das, worüber sie sich freuen, worauf sie stolz sein konnten. Eine solche Ansicht über das Gebet beruht auf dem Gedanken der Selbsterlösung, in dem ja alle falschen Religionsanschauungen wurzeln. Die Pharisäer hatten die heidnische Weise zu beten angenommen und bis heute noch wird diese Art des Gebets selbst bei den bekennenden Christen geübt. Wenn man feststehende, herkömmliche Redensarten gebraucht, ohne dass im Herzen die Sehnsucht nach Gott lebt, ist das nichts weiter als das »Plappern« der Heiden.

Das Gebet selbst ist keine Sühnung der Sünde. Dem Gebet an sich wohnen keine Kraft und kein Verdienst inne. Alle schönen Worte, die uns zur Verfügung stehen, kommen nicht der heiligen Sehnsucht gleich. Die beredtesten Gebete sind eitles Geschwätz, wenn sie nicht das Empfinden des Herzens getreu zum Ausdruck bringen. Wenn jedoch ein Gebet aus ernster Überzeugung kommt, wenn in ihm das Verlangen der Seele schlicht seinen Ausdruck findet, wie wir einen irdischen Freund um ein Entgegenkommen bitten würden, wovon wir bestimmt Erfolg erwarten, so verhält es sich auch mit dem Gebet des Glaubens. Gott will keine förmlichen Ehrenbezeugungen. Dagegen findet das unausgesprochene Schreien des zerbrochenen und im Bewußtsein seiner Sünde und großen Schwachheit zerschlagenen Herzens den Weg zum Vater aller Barmherzigkeit.

»Wenn ihr fastet, sollt ihr nicht sauer sehen wie die Heuchler.« Matthäus 6,16

Das dem Wort Gottes entsprechende Fasten ist mehr als bloße Form. Es besteht nicht ausschließlich darin, sich des Essens zu enthalten, einen Sack anzuziehen und Asche aufs Haupt zu streuen. Wer aus Kummer über seine Sünde fastet, hat kein Verlangen danach, das zur Schau zu tragen.

Der Zweck des Fastens, das Gott von uns verlangt, besteht nicht darin, den Körper um der Sünde der Seele willen zu peinigen, sondern uns zu helfen, dass wir die Verwerflichkeit der Sünde erkennen, das Herz vor Gott demütigen und seine Vergebung und Gnade empfangen. Er gebot dem Volk Israel: »Zerreißt eure Herzen und nicht eure Kleider, und bekehrt euch zu dem Herrn, eurem Gott!« Joel 2,13

Es wird uns nichts nützen, Bußübungen anzustellen oder uns einzubilden, dass wir durch unsere eigenen Werke das Erbteil der Heiligen verdienen oder erkaufen können. Als Christus gefragt wurde: »Was sollen wir tun, dass wir Gottes Werke wirken?« antwortete Er: »Das ist Gottes Werk, dass ihr an den glaubt, den Er gesandt hat.« Johannes 6,28.29 Buße ist Abkehr vom Ich und Hinkehr zu Christus. Wenn wir Christus also in uns aufnehmen, dass Er durch den Glauben sein Leben in uns lebt, werden gute Werke offenbar werden.

Jesus sagte: »Wenn du aber fastest, so salbe dein Haupt und wasche dein Angesicht, auf dass du nicht scheinest vor den Leuten mit deinem Fasten, sondern vor deinem Vater, welcher im Verborgenen ist.« Was zur Ehre Gottes getan wird, soll mit Freudigkeit und nicht mit Trauer oder Unlust geschehen. Die Religion Jesu ist nicht düsteren Wesens. Wenn Christen durch eine traurige äußere Erscheinung den Eindruck erwecken, dass sie von ihrem Herrn enttäuscht worden seien, geben sie von Ihm ein ganz falsches Bild und liefern seinen Feinden Beweise aus. Wenn sie auch mit dem Munde Gott ihren Vater nennen mögen, vermitteln sie doch der Welt durch ihr trauriges, kummervolles Aussehen den Eindruck, als ob sie Waisen seien.

Christus will, dass der Ihm geweihte Dienst, wie er es in Wirklichkeit auch ist, schön und anziehend ist. Mache deine Selbstverleugnung und deine inneren Schwierigkeiten mit deinem mitleidsvollen Heiland ab. Lege deine Lasten unterm Kreuz nieder und gehe deinen Weg mit Freuden in dessen Liebe, der dich zuerst geliebt hat. Mag sein, dass kein Mensch etwas von den Vorgängen ahnt, die sich ganz im Stillen zwischen der Seele und Gott abspielen. Von dem Ergebnis des Werkes aber, das der Heilige Geist am Herzen ausgerichtet hat, werden sie alle erfahren; denn »der in das Verborgene sieht, wird dir's vergelten«.

»Ihr sollt euch nicht Schätze sammeln auf Erden.« Matthäus 6,19

Schätze, die man auf Erden speichert, haben keinen Bestand. Diebe können einbrechen und sie stehlen; Motten und Rost können sie zerstören; Feuer und Sturm können alles zunichte machen. Doch »wo euer Schatz ist, da ist auch euer Herz«. Irdische Schätze werden den Sinn so stark gefangennehmen, dass er sich gar nicht mehr auf himmlische Dinge richten kann.

Die Liebe zum Geld war die Leidenschaft des jüdischen Zeitalters. Weltlichkeit drängte Gott und Religion vom Thron der Seele. So geht's auch heute noch. Habsüchtige Gier nach Reichtum fesselt und bezaubert mit ihrer Macht das Leben dermaßen, dass Edelmut und Menschlichkeit im Menschen erschüttert und schließlich ganz zunichte gemacht werden. Im Dienst des Teufels gibt's Sorgen, Beschwerden und aufreibende Arbeit und die Schätze, die die Menschen hier auf Erden mühevoll zusammenbringen, nützen ihnen nur kurze Zeit.

Jesus sprach: »Sammelt euch aber Schätze im Himmel, wo sie weder Motten noch Rost fressen und wo die Diebe nicht nachgraben noch stehlen. Denn wo euer Schatz ist, da ist auch euer Herz.« Seine Unterweisung lautet: »Sammelt euch ... Schätze im Himmel.« Es bedeutet eure eigene Wohlfahrt, euch himmlische Reichtümer zu erwerben. Diese allein bedeuten wirklichen Besitz. Der im Himmel gespeicherte Reichtum ist unvergänglich. Feuer und Flut können ihm nichts anhaben, kein Dieb kann ihn rauben, weder Motten noch Rost können ihn zerstören, steht er doch in Gottes Hut.

Dieser Reichtum, dessen Kostbarkeit Christus über alles geht, ist der »Reichtum an Herrlichkeit«, den »er den Heiligen beschieden hat«. Epheser 1,18 Dem Herrn gelten seine Jünger als Edelsteine; als köstlicher, auserlesener Schatz. Er spricht: »Wie edle Steine werden sie in seinem Lande glänzen« Sacharja 9,16, »dass ein Mann kostbarer sein soll als Feingold und ein Mensch wertvoller als Goldstücke aus Ophir.« Jesaja 13,12 Christus, der erhabene Mittelpunkt, der alle Herrlichkeit ausstrahlt, sieht in seinem geheiligten und vollendeten Volk den Lohn seiner vielen Leiden, seiner Demütigung und Liebe, ja die notwendige Ergänzung zu seiner Herrlichkeit.

Uns nun ist es vergönnt, uns mit Ihm bei der herrlichen Aufgabe der Erlösung zu vereinen, mit Ihm die Reichtümer zu genießen, die Er durch seinen Tod und sein Leiden erworben hat. Der Apostel Paulus hat an die Christen zu Thessalonich geschrieben: »Wer ist unsre Hoffnung oder Freude oder unser Ruhmeskranz, seid nicht auch ihr es vor unserm Herrn Jesus, wenn Er kommt? Ihr seid ja unsre Ehre und Freude.« 1.Thessalonicher 2,19.20 Das ist der Schatz, nach dem wir graben sollen. Der Charakter ist die heilige Ernte des Lebens. Jedes Wort und jede Tat aus der Gnade Christi, wodurch in einem Menschen göttlicher Trieb entfacht wird, jedes Bemühen um die Formung eines christusähnlichen Wesens, bedeutet einen Schatz im Himmel anzulegen.

Wo der Schatz ist, wird auch das Herz sein. Mit jedem Bemühen, andere zu segnen, segnen wir uns selbst. Wer Geld oder Zeit für die Verbreitung des Evangeliums hingibt, setzt sein persönliches Interesse und seine Gebete für das Werk und die Seelen ein, die dadurch erreicht werden; seine Zuneigung gilt anderen Menschen und es drängt ihn, sich Gott noch mehr hinzugeben, damit er fähig wird, ihnen das Beste zu geben.

Wenn am Jüngsten Tage die Reichtümer dieser Erde vergehen, werden alle, die im Himmel Schätze gesammelt haben, ihres Lebensgewinnes innewerden. Haben wir die Worte Christi befolgt, dann werden wir, während wir uns um den erhabenen weißen Thron versammeln, Erlöste erblicken, denen wir ein Mittel zur Errettung waren; von diesen werden wir erfahren, dass sie wieder andere und jene noch andere gerettet haben: welch große Menge im Ruhehafen durch unsere Mühe! Und sie alle legen ihre Kronen Jesu zu Füßen und preisen Ihn von Ewigkeit zu Ewigkeit. Mit welcher Freude wird der Mitarbeiter Christi diese Erlösten schauen, die an der Herrlichkeit des Erlösers teilhaben!

Wie köstlich wird die Seligkeit denen schmecken, die ihre Aufgabe, Seelen zu retten, treu ausführten! »Seid ihr nun mit Christus auferstanden, so suchet, was droben ist, da Christus ist, sitzend zu der Rechten Gottes.« Kolosser 3,1

»Wenn dein Auge lauter ist, so wird dein ganzer Leib licht sein.« Matthäus 6,22

Der Heiland will hier auf die Ehrlichkeit in unseren Absichten und auf die ungeteilte Hingabe an Gott den Nachdruck legen. Wer aufrichtig und zielstrebig die Wahrheit zu erkennen und ihr um jeden Preis zu gehorchen sucht, dem wird göttliche Erleuchtung zuteil werden. Wahre Frömmigkeit beginnt dort, wo jede Freundschaft mit der Sünde aufhört. Dann werden wir mit dem Apostel Paulus auch von Herzen sagen: »Ich vergesse, was dahinten ist, und strecke mich nach dem, das da vorne ist, und jage nach dem vorgesteckten Ziel, nach dem Kleinod der himmlischen Berufung Gottes in Christus Jesus ... um welches willen mir das alles ein Schaden geworden ist, und achte es für Kot, auf dass ich Christus gewinne.« Philipper 3,13.14.8

Wo aber das Auge durch Eigenliebe geblendet ist, da ist eitel Finsternis. »Wenn aber dein Auge böse ist, so wird dein ganzer Leib finster sein.« Diese schreckliche Nacht war es, die die Juden in starren Unglauben hüllte und es ihnen unmöglich machte, Wesen und Werk dessen zu erkennen, der gekommen war, sie von ihren Sünden zu erretten.

Unterliegen wir einer Versuchung, so beginnt das damit, dass wir zu schwanken beginnen und unser Glaube an Gott ungewiss wird. Können wir uns nicht entschließen, uns völlig Gott zu weihen, dann sind wir im Finstern. Machen wir irgendeinen Vorbehalt, so lassen wir eine Tür offen, durch die der Teufel eindringen und uns durch seine Versuchungen irreleiten kann. Er weiß, wenn er unseren Blick verschleiern kann, sodass das Auge des Glaubens Gott nicht mehr zu schauen vermag, dann sind wir auch nicht mehr vor der Sünde geschützt.

Beherrscht uns eine sündige Begierde, so ist das ein Zeichen innerer Verblendung. Jedes Nachgeben einem solchen Verlangen gegenüber bestärkt die innere Abneigung gegen Gott. Wenn wir den vom Teufel bezeichneten Pfad verfolgen, umfangen uns die Schatten des Bösen. Jeder Schritt führt uns in tiefere Nacht und verstärkt die Blindheit unseres Herzens.

In der geistigen wie in der natürlichen Welt gilt das gleiche Gesetz. Wer im Finstern bleibt, wird schließlich das Gesicht verlieren. Seine Finsternis ist dichter als die der Mitternacht, auch der lichteste Mittag wird ihm keine Erleuchtung bringen. Er »wandelt in der Finsternis und weiß nicht, wo er hingeht; denn die Finsternis hat seine Augen verblendet«. 1.Johannes 2,11 Durch beständiges Einwilligen in die Sünde, durch absichtliche Missachtung alles Flehens der göttlichen Liebe, verliert der Sünder die Liebe zum Guten, das Sehnen nach Gott, ja selbst die Fähigkeit, himmlischer Erleuchtung teilhaftig zu werden. Wohl ergeht immer noch voller Liebe die Gnadeneinladung, wohl scheint das Licht Gottes immer noch so hell wie am ersten Tag, als es seine Seele erleuchtete; doch die Stimme kommt an taube Ohren, das Licht an blinde Augen.

Kein Mensch wird je ganz und gar von Gott verlassen oder bleibt allein auf seinem Wege, solange noch die geringste Hoffnung auf Rettung besteht. Der Mensch wendet sich von Gott ab, aber Gott nicht von ihm. Unser himmlischer Vater geht uns so lange mit Bitten, Warnungen und Mitleid nach, bis alle Möglichkeiten erschöpft sind. Der Sünder trägt die Verantwortung für sein Schicksal. Wer heute dem Geist Gottes widerstrebt, verschließt sich dem mächtigen Einstrom des Lichts, der an einem anderen Tag kommen mag. So schreitet er von einer Stufe des Wider- strebens zur anderen, bis er schließlich lichtunempfänglich wird und in keiner Weise mehr etwas vom Geist Gottes verspürt. Und damit ist auch »das Licht in dir« Finsternis geworden. Sogar die Erkenntnis von Wahrheit ist alsdann so getrübt, dass sie die innere Blindheit nur noch vergrößert.

»Niemand kann zwei Herren dienen.« Matthäus 6,24

Christus spricht nicht, dass der Mensch nicht zwei Herren dienen wolle oder solle, sondern dass er es nicht könne. Zwischen dem Bereich Gottes und dem Bereich des Mammons gibt es keinerlei Verbindung oder Beziehung. Gerade wo das Gewissen den Christen mahnt, geduldig zu sein, sich zu verleugnen, abzuwarten, da überschreitet der Weltmensch die Grenze, um seinen selbstsüchtigen Neigungen nachzugehen. Auf der einen Seite erblicken wir den Nachfolger Christi, der Selbstverleugnung übt, auf der anderen den weltliebenden Genussmenschen, der alles mitmacht, dem es auf einen Leichtsinn nicht ankommt, der sich an fragwürdigen Vergnügungen berauscht. Auf diese Seite wird sich der Christ nie stellen können.

Niemand kann die Haltung eines Unbeteiligten einnehmen; es gibt hier keinen Mittelweg. Die Möglichkeit weder Gott noch den Feind der Gerechtigkeit zu lieben, ist ausgeschlossen. Christus will in seinen menschlichen Werkzeugen wohnen, durch ihre Fähigkeiten wirken und durch ihr Können Taten vollbringen. Sie müssen ihren Willen dem seinen unterwerfen: sie müssen in seinem Geiste handeln. Dann aber leben nicht mehr sie, sondern Christus lebt in ihnen. Wer sich nicht ganz Gott, dem Herrn, weiht, steht im Bereich einer anderen Macht, hört auf eine andere Stimme, deren Eingebungen aus ganz anderem Geist kommen. Geteilter Dienst stellt den Menschen in den Bannkreis des Feindes und macht ihn zum erfolgreichen Verbündeten im Heer der Finsternis. Wenn Menschen, die Streiter Christi zu sein behaupten, solchen Bund mit dem Teufel machen und sein Werk fördern helfen, dann sind sie ganz gewiss Feinde Christi. Sie verraten den heiligen Glauben. Sie stellen ein Bindeglied zwischen Satan und den echten Kämpfern Christi dar. Ihrer bedient sich der Feind, um dem Herrn die Herzen seiner Streiter abwendig zu machen.

Das stärkste Bollwerk des Lasters ist nicht das Frevelleben des ausgemachten Sünders oder des Abschaums der menschlichen Gesellschaft, sondern das tugendhaft, edel und ehrbar scheinende Leben des Menschen, der im Verborgenen der Sünde frönt und das Laster nährt. Einer Seele, die im Stillen gegen übermächtige Versuchungen anzukämpfen hat und schon unmittelbar am Rande des Verderbens steht, ist ein solches Beispiel ein mächtiger Anreiz zur Sünde. Wenn jemand von Leben, Wahrheit und Ehre hohe Begriffe hat und dennoch eines der heiligen Gebote Gottes absichtlich übertritt, verkehrt er seine edlen Gaben in eine Lockung zur Sünde. Begabung, Fähigkeiten, Mitgefühl, ja selbst großmütige und edle Taten können Schlingen Satans werden, durch die andere Menschen für dieses und das ewige Leben ins Verderben geraten. »Habt nicht lieb die Welt noch was in der Welt ist. So jemand die Welt lieb hat, in dem ist nicht die Liebe des Vaters. Denn alles, was in der Welt ist, des Fleisches Lust und der Augen Lust und hoffärtiges Leben, ist nicht vom Vater, sondern von der Welt.« 1.Johannes 2,15.16

»Sorget nicht.« Matthäus 6,25

Der dir das Leben gegeben hat, weiß auch, dass du Nahrung benötigst, um es zu erhalten. Der den Körper schuf, weiß auch, dass du Kleidung nötig hast. Wird der, der dir das größere Gut verlieh, nicht auch ein übriges tun, das Notwendige hinzuzufügen? Jesus wies seine Hörerschar auf die Vögel hin, die ihre Loblieder singen, unbeschwert von grübelnden Sorgen; denn »sie säen nicht, sie ernten nicht« und dennoch versorgt sie der große Vater. Und dann meinte Jesus: »Seid ihr denn nicht viel mehr als sie?« Hügel und Felder prangten im schönsten Blumenschmuck, und Jesus sagte, indem Er auf die taufrischen Blüten deutete: »Schauet die Lilien auf dem Felde, wie sie wachsen.« Menschliche Geschicklichkeit kann zwar die anmutigen Formen und die zarten Farben von Pflanzen und Blumen nachbilden aber wer kann auch nur einer Blume oder einem Grashalm Leben verleihen? Jedes Blümchen am Rain verdankt sein Dasein der gleichen Kraft, die die Sternenwelt an den Himmel setzte.

Durch die ganze Schöpfung pulst das Leben aus dem Vaterherzen Gottes. Seine Hand kleidet die Feldblumen in prächtigere Gewänder als jene, mit denen irdische Könige sich jemals geschmückt haben. Und »so denn Gott das Gras auf dem Felde also kleidet, das doch heute steht und morgen in den Ofen geworfen wird: sollte Er das nicht viel mehr euch tun, o ihr Kleingläubigen?« Der die Blumen bildete und den Vögeln ihre lieblichen Stimmen verlieh, spricht: »Schauet die Lilien!« »Sehet die Vögel ... an!« An den lieblichen Einzelheiten der Natur kannst du mehr von der Weisheit Gottes lernen, als die Gelehrten wissen. Auf die Blütenblätter der Lilie hat Gott eine Botschaft für dich geschrieben. Er hat sie dort mit Schriftzeichen festgehalten, die dein Herz nur dann entziffern kann, wenn es nicht mehr in die Schule des Zweifels, der Selbstsucht und der nagenden Sorge geht. Die Singvögel und die lieblichen Blumen gaben dir die übersprudelnde Liebe des ewigen Vaterherzens, damit dein Lebenspfad erhellt werde und du glücklich und froh wärest. Du hättest dein Leben auch ohne Blumen und Vögel fristen können aber Gott gab sich nicht damit zufrieden, dich nur dahinleben zu sehen. Er hat Erde, Luft und Himmel mit vielem Schönen versehen, was dir bezeugt, dass Er liebevoll deiner gedenkt. Und doch ist die Pracht der Schöpfung nur ein Abglanz seiner Herrlichkeit. Hat Er aber die Natur so reich mit Schönheit bedacht, dich glücklich und froh zu machen, wie kannst du dann zweifeln, dass Er dich mit allem Lebensnotwendigen versorgen werde?

»Schauet die Lilien.« Jede Blume, die ihren Kelch den Strahlen der Sonne öffnet, gehorcht dem gleichen erhabenen

Gesetz, das die Sterne regiert. Wie einfach, wie schön und lieblich gestaltet sich doch ihr Leben! Durch die Blumen will Gott uns darauf aufmerksam machen, wie begehrenswert christliches Wesen ist. Der die Blumen so schön gekleidet hat, wünscht von ganzem Herzen auch die Seele mit der Schönheit des Wesens Christi zu bekleiden.

Betrachtet einmal, spricht Jesus, das Wachstum der Lilien. Seht, wie sie aus der kalten, dunklen Erde sprießen oder gar aus dem schlammigen Bett des Flusses! Dennoch erfreuen sie uns durch ihre Schönheit und ihren Duft. Wer vermutet solche Schönheit, wenn er die unansehnliche braune Knolle der Lilie betrachtet? Doch wenn das darin verborgene Leben aus Gott sich auf seinen Ruf in Regen und Sonne entfaltet, dann staunt der Mensch über das anmutige und schöne Gebilde. Genauso wird sich das Leben Gottes im Innern jedes Menschen entfalten, der sich seinem Gnadenwirken überlässt, das unterschiedslos wie Regen und Sonnenschein allen seinen Segen bringt. Die Blumen werden durch das Wort Gottes geschaffen und dasselbe Wort verrichtet in dir die geistlichen Gnadenwirkungen.

Das Gesetz Gottes ist ein Gesetz der Liebe. Er hat dich mit Schönheit umgeben, dass er dich lehre: du bist nicht allein deshalb auf Erden, um deinetwillen zu schürfen, zu graben und zu bauen, zu werken und zu spinnen, sondern auch das Leben leuchtend, freudevoll und herrlich zu gestalten mit der Liebe Christi, den Blumen gleich, die im Dienst der Liebe stehen.

Väter und Mütter, belehrt eure Kinder am Beispiel der Blumen! Nehmt sie mit hinaus in Garten und Feld und in den stillen Hain, dass sie im Freien die Botschaft von der Liebe Gottes vernehmen. Wenn ihr über Vögel, Blumen und Bäume nachdenkt, dann erinnert euch auch ihres Schöpfers.

Leitet die Kinder an, dass sie in jeder hübschen und lieblichen Einzelheit die Liebe Gottes zu sich erkennen. Macht ihnen eure Religion liebenswert durch ihre beglückende Kraft. Und das Gesetz der Güte sei stets in eurem Munde. Lehrt eure Kinder, dass durch Gottes große Liebe auch ihr Wesen sich zum Guten verändern und mit dem seinen in Einklang kommen kann. Lehrt sie, dass Er ihr Leben mit der Anmut der Blumen geschmückt sehen möchte. Lehrt sie beim Blumenpflücken, dass der Schöpfer der Blüten diese an Herrlichkeit weit übertrifft. Dann wird sich der Blütenkelch ihres Herzens dem Herrn öffnen. Dann wird Er, der »ganz lieblich« Hoheslied 5,16 ist, ihnen ein täglicher Gefährte und vertrauter Freund werden und ihr Leben wird sich in das Bild seiner Reinheit verwandeln.

»Trachtet zuerst nach dem Reich Gottes.« Matthäus 6,33

Die Hörerschaft Christi erwartete noch immer sehnsüchtig eine Ankündigung des irdischen Königreichs. Während Jesus ihnen die reichen Schätze des Himmels erschloss, beherrschte viele Gemüter die Frage, welche Förderung sie in ihren weltlichen Absichten durch eine Verbindung mit ihm erwarten könnten. Den größten Bedacht auf weltliche Dinge zu haben, setzte Jesus aber dem Heidentum gleich, denn die umwohnenden heidnischen Völker lebten dahin, als gäbe es überhaupt keinen Gott, dessen liebevolle Fürsorge sich über alle seine Geschöpfe erstreckt.

Jesus sprach: »Nach solchem allen trachten die Heiden in der Welt; aber euer Vater weiß wohl, dass ihr des bedürfet.« Lukas 12,30 »Trachtet am ersten nach dem Reich Gottes und nach seiner Gerechtigkeit, so wird euch solches alles zufallen.« Ich bin gekommen, euch in das Königreich der Liebe, der Gerechtigkeit und des Friedens zu versetzen. Macht die Tore eures Herzens weit, dass ich als König einziehen kann, und betrachtet den Dienst an diesem Königreich als eure höchste Lebensaufgabe. Handelt es sich auch um ein geistiges Königreich, so braucht ihr doch nicht zu fürchten, dass Gott nicht für eures Leibes Notdurft sorgen werde. Wenn ihr euch in den Dienst Gottes stellt, der alle Gewalt im Himmel und auf Erden besitzt, dann wird Er euch auch mit allem Notwendigen versorgen.

Es liegt nicht im Sinne Jesu, dass wir uns nun keinerlei Mühe mehr geben. Er will vielmehr erreichen, dass wir Ihn in allem als den Ersten und Letzten und Höchsten ansehen sollen. Wir sollen uns in kein Geschäft einlassen, keinen Plan verfolgen, kein Vergnügen suchen, wodurch die Entfaltung der Gerechtigkeit Christi in unserem Wesen und Leben behindert wird. Was wir auch angreifen, sollen wir von ganzem Herzen tun, als täten wir es für den Herrn.

Als Jesus noch über die Erde ging, hat Er das Leben durch und durch geheiligt, indem Er den Menschen beständig die Herrlichkeit Gottes offenbarte und sich in allem dem Willen seines Vaters unterwarf. Folgen wir seinem Beispiel, dann gilt uns die Verheißung, dass aller Bedarf, den unser Leben heischt, uns »zufallen« wird. Der Arme und der Reiche, der Kranke und der Gesunde, der Einfältige und der Weise, sie alle sind in der Verheißung seiner Gnade bedacht worden.

Gott streckt seine ewigen Arme nach der Seele aus, die bei ihm Hilfe sucht, auch wenn sie noch so gering ist. Der köstliche Schmuck der Auen wird vergehen; doch wer Gott liebt, wird in ihm bleiben. »Die Welt vergeht mit ihrer Lust; wer aber den Willen Gottes tut, der bleibt in Ewigkeit.« 1.Johannes 2,17 Wer hier auf Erden gelernt hat, sich auf Gottes Weisheit und Führung zu verlassen, seinen Trost und seine Hoffnung in Not und Tod auf ihn zu stellen, dem werden sich die goldenen Tore der Stadt Gottes auftun. Engelsang wird ihm entgegentönen und er wird die Frucht vom Baum des Lebens pflücken. »Es sollen wohl Berge weichen und Hügel hinfallen, aber meine Gnade soll nicht von dir weichen, und der Bund meines Friedens soll nicht hinfallen, spricht der Herr, dein Erbarmer.« Jesaja 54,10

»Sorget nicht für den andern Morgen ... Es ist genug, dass ein jeglicher Tag seine eigene Plage habe.« Matthäus 6,34

Wenn du dich Gott gegeben hast und in seinem Dienste stehst, dann brauchst du dich für den nächsten Tag nicht zu sorgen. Der Herr seiner Knechte kennt das Ende von Anfang her. Was morgen kommt, was deinen Blicken verschleiert ist, das schauen die Augen des Allmächtigen.

Wenn wir unsere Angelegenheiten ausschließlich selbst in die Hand nehmen und Erfolg nur von unserer eigenen Klugheit erhoffen, bürden wir uns eine Last auf, die Gott gar nicht für uns vorgesehen hat und verzichten damit auf seinen Beistand. Wir belasten uns mit der Verantwortlichkeit, die Gott gebührt und setzen uns mithin an den Ihm zukommenden Platz. Wohl mögen wir uns sorgen und Gefährdung und Einbuße erwarten, denn ganz gewiss werden solche Dinge über uns kommen. Glauben wir aber aufrichtig, dass Gott uns liebt und nur unser Bestes will, dann werden wir uns keine Sorgen mehr um die Zukunft machen. Wir werden Gott vertrauen, wie ein Kind seinen liebevollen Eltern vertraut. Unsere Sorgen und Qualen werden alsdann schwinden, ist doch unser Wille im Willen Gottes aufgegangen.

Christus hat uns nicht verheißen, uns die Bürde des morgigen Tages schon heute tragen zu helfen. Er sprach: »Lass dir an meiner Gnade genügen.« 2.Korinther 12,9 Gleich dem Manna in der Wüste, wird alle Morgen seine Gnade neu und reicht für den Bedarf dieses Tages. Wie das Volk Israel bei der Wüstenwanderung, werden wir jeden Morgen das für den Tag benötigte Himmelsbrot finden.

Nur ein Tag gehört uns jedesmal zu, und an diesem sollen wir Gott loben. Für diesen einen Tag sollen wir uns in Christi Hände befehlen zu heiligem Dienst, alle unsere Absichten und all unser Vorhaben auf Ihn stellen, alle unsere Sorgen auf Ihn werfen, sorgt Er doch für uns. »Ich weiß wohl, was ich für Gedanken über euch habe, spricht der Herr: Gedanken des Friedens und nicht des Leides, dass ich euch gebe das Ende, des ihr wartet.« Jeremia 29,11 »Wenn ihr umkehrtet und stille bliebet, so würde euch geholfen; durch Stillesein und Hoffen würdet ihr stark sein.« Jesaja 30,15

Suchst du den Herrn täglich und kehrst dich zu Ihm, wählst du aus eigenem Trieb Freiheit und Freude in Gott, folgst du frohen Herzens seinem gnädigen Ruf und nimmst das Joch Christi, das Joch des Gehorsams und der Dienstbereitschaft, auf dich, dann wird all dein Klagen verstummen, werden alle deine Schwierigkeiten beseitigt, lösen sich dir alle die schwierigen Rätsel, denen du heute noch ratlos gegenüberstehst.

Das Vaterunser

»DARUM SOLLT IHR ALSO BETEN.«
Matthäus 6,9

Der Heiland hat das Vaterunser zweimal gesprochen, einmal zum Volk in der Bergpredigt und das andere Mal einige Monate später allein zu seinen Jüngern. Die Jünger waren einige Zeit von ihrem Herrn fort gewesen und fanden Ihn bei ihrer Rückkehr in innigstem Umgang mit Gott. Er merkte anscheinend gar nichts von ihrer Rückkunft, denn Er fuhr fort, laut zu beten. Sein Antlitz leuchtete in himmlischer Klarheit. Es war, als sei Er in die unmittelbare Nähe des Unsichtbaren entrückt. Seine Worte waren von solcher Lebenskraft, dass man wirklich den Eindruck eines Gesprächs mit Gott hatte.

Die Herzen der lauschenden Jünger waren tief bewegt. Wie oft hatten sie schon bemerkt, dass ihr Meister lange Stunden in Einsamkeit und Gebet zu seinem Vater zubrachte! Er verbrachte seine Tage damit, dass Er den vielen Menschen diente, die Ihn aufsuchten und gegen die Spitzfindigkeiten der Schriftgelehrten ankämpfte. Der Arbeit war so viel, dass Er oft, infolge seiner Entkräftung, seiner Mutter, seinen Brüdern und selbst seinen Jüngern zu der Befürchtung Anlass gab, sein Leben möchte im Dienst erlöschen. Doch wenn Er aus den Gebetsstunden kam, die den Tag der Mühe rundeten, sah man Frieden auf Seinem Angesicht und es umwob Ihn ein Hauch der Erquickung.

In der Kraft aus der Gemeinschaft mit Gott trat er Morgen für Morgen hervor, den Menschen himmlische Erleuchtung zu bringen. Die Jünger, die Ihn begleiteten, hatten schon lange die Verbindung zwischen seinen Gebetszeiten und seinem Reden und Handeln erkannt. Als sie nun Seinen Bitten lauschten, wurden ihre Herzen demütig in heiliger Ehrfurcht. Von ihrer inneren Not überzeugt, riefen sie, als der Herr sein Gebet beendet hatte, aus: »Herr, lehre uns beten!« Lukas 11,1

Jesus gab ihnen darauf keine neue Gebetsformel. Er wiederholte einfach, was Er sie vorher schon gelehrt hatte, so als wollte er sagen: Ihr müsst nur verstehen, was ich euch schon vermittelt habe. Es liegt darin eine so tiefe Bedeutung, dass ihr sie noch gar nicht habt ergründen können.

Der Heiland hat uns nicht darauf beschränkt, uns an den exakten Wortlaut zu halten. Der Menschensohn bietet uns damit lediglich ein Mustergebet, und zwar in so einfacher Fassung, dass sogar ein Kind es verstehen kann, aber auch von solcher Gedankentiefe, dass die größten Geister es niemals völlig ergründen können. Wir sollen zu Gott mit unserem Dankopfer kommen, Ihm unser Anliegen kundtun, unsere Sünden bekennen und Seiner Verheißung entsprechend Seine Gnade in Anspruch nehmen.

»Wenn ihr betet, so sprecht: Unser Vater.« Lukas 11,2

Jesus lehrt uns seinen Vater unseren Vater zu nennen. Er schämt sich nicht, uns Brüder zu heißen. Hebräer 2,11 Des Heilands Herz ist so bereit und so begierig uns als Mitglieder der göttlichen Familie willkommen zu heißen, dass Er uns gleich in den ersten Worten, mit denen wir uns Gott nahen, unsere göttliche Verwandtschaft zum Ausdruck bringen heißt, mit der Anrede: »Unser Vater«. Und damit wird die wunderbare Tatsache ausgesprochen, in der für uns so viel Ermutigung und Trost liegt, dass Gott uns ebenso liebt wie seinen Sohn. Das hat Jesus auch in seinem letzten Gebet für die Jünger zum Ausdruck gebracht mit dem Wort: Du »liebst sie, gleichwie du mich liebst«. Johannes 17,23

Die Welt, die der Teufel eingenommen hat und mit grausamer Tyrannei beherrscht, hat der Sohn Gottes durch seine Großtat in den Bereich seiner Liebe gezogen und wieder mit dem Thron Gottes verkettet. Cherubim und Seraphim und die unzähligen Scharen von den rein gebliebenen Welten sangen Gott und dem Lamm Jubellieder, als der Sieg gewonnen war. Sie jauchzten, dass dem sündigen Geschlecht nunmehr der Heilsweg geöffnet war und dass die Erde vom Fluch der Sünde frei werden sollte. Wieviel mehr Grund zur Freude haben alle, die diese wunderbare Liebe umfängt!

Wie können wir da zweifeln und schwanken oder uns gar als Waisen fühlen? Wegen der Gesetzesübertreter hat Jesus menschliche Natur auf sich genommen. Er wurde gleich wie wir, damit wir ewigen Frieden und ewige Gewissheit haben. Wir haben einen Fürsprecher im Himmel und wer Ihn persönlich als Heiland annimmt, ist kein Waisenkind mehr, das die Last seiner Sünde zu tragen hätte.

»Meine Lieben, wir sind nun Gottes Kinder.« »Sind wir aber Kinder, so sind wir auch Erben, nämlich Gottes Erben und Miterben Christi, wenn anders wir mit leiden, auf dass wir auch mit zur Herrlichkeit erhoben werden.« »Und es ist noch nicht erschienen, was wir sein werden. Wir wissen aber, wenn es erscheinen wird, dass wir ihm gleich sein werden; denn wir werden Ihn sehen, wie Er ist.« 1.Johannes 3,2; Römer 8,17

Der erste Schritt auf dem Wege zu Gott heißt: erkennen und glauben »die Liebe, die Gott zu uns hat«, 1.Johannes 4,16 denn die anziehende Wirkung Seiner Liebe führt uns zu Ihm.

Die Erkenntnis der Liebe Gottes bewirkt die Aufgabe unserer Selbstsucht. Wenn wir Gott unseren Vater nennen, erkennen wir alle seine Kinder als unsere Brüder an. Jeder von uns ist ein Blatt am Baum des Menschengeschlechts, gehört mithin der gleichen Familie an. Wenn wir beten, sollen wir nicht nur an uns, sondern auch an unsere Nachbarn denken. Wer nur seinen Segen sucht, betet nicht im rechten Sinne.

Jesus sagte, dass der unendliche Gott dir die Gnade gewährt hat, Ihm mit der Bezeichnung eines Vaters zu nahen. Versenke dich einmal in den Sinn dieses Wortes! Irdische Eltern haben noch nie so ernstlich um ein verirrtes Kind gerungen, wie der Schöpfer sich um den Übertreter müht. Es ist keinem Unbußfertigen je von Menschen solch liebevolle Anteilnahme geschenkt worden, wie Gott sie in seinen feinfühlenden Gewinnungsversuchen zeigt. Gott wohnt in jeder Hütte, hört jedes gesprochene Wort, Ihm entgeht kein einziges Gebet, Er spürt Sorgen und Schmerz jedes Einzelnen, beobachtet auch das Verhalten zu Vater, Mutter, Geschwistern, Freunden und Nachbarn. Er sorgt für alle unsere Bedürfnisse und Seine Liebe, Barmherzigkeit und Gnade strömen uns unablässig zu, uns helfend beizustehen.

Nennst du also Gott deinen Vater, dann bekennst du dich als sein Kind, das sich gern seiner weisen Führung anvertraut, Ihm in allen Stücken gehorsam sein will und von seiner unwandelbaren Liebe überzeugt ist. Du wirst seine Führung in deinem Leben anerkennen. Als Kind Gottes wirst du auch sehr auf seine Ehre, sein Wesen, seine Familie und sein Werk bedacht sein. Es wird deine höchste Freude sein, dein Verhältnis zu deinem Vater vor allen Gliedern seiner Familie zu bekennen und zu ehren. Du wirst jeden noch so geringen Dienst mit Freuden verrichten, wenn er zur Ehre Gottes und zur Wohlfahrt deiner Mitmenschen beiträgt.

»In dem Himmel.« Der Gott, zu dem Christus uns als zu »unserem Vater« aufschauen lehrt, ist »im Himmel; Er kann schaffen, was Er will«. Psalm 115,3 Unter seiner Obhut haben wir Sicherheit und Ruhe und können sprechen: »Wenn ich mich fürchte, so hoffe ich auf dich.« Psalm 56,4

»Dein Name werde geheiligt.« Matthäus 6,9

Die Heiligung des Namens Gottes erfordert es, dass die Bezeichnung des höchsten Wesens nur mit Ehrerbietung ausgesprochen wird. »Heilig und hehr ist sein Name.« Psalm 111,9 Wir dürfen nie und nimmer die Namen und Anreden Gottes leichtfertig hinsprechen. Wenn wir beten, treten wir ins Sprechzimmer des Allerhöchsten ein. Es gebührt uns, Ihm mit heiliger Ehrfurcht zu nahen. Die Engel verbergen in seiner Gegenwart ihr Angesicht. Die Cherubim und die glänzenden, heiligen Seraphim treten mit größter Ehrerbietung vor seinen Thron. Wieviel mehr kommt es uns sterblichen, sündigen Geschöpfen zu, dem Herrn, unserem Schöpfer, ehrerbietig zu nahen!

Den Namen des Herrn zu heiligen, bedeutet aber noch mehr als das. Wir können, gleich den Juden zur Zeit Christi, Gott äußerlich die größte Ehre erweisen und doch fortwährend seinen Namen entweihen. Der Name des Herrn ist »barmherzig und gnädig und geduldig und von großer Gnade und Treue; Der ... vergibt Missetat, Übertretung und Sünde«

2.Mose 34,6.7 Von der Gemeinde Christi steht geschrieben: »Man wird« sie »nennen: Der Herr unsere Gerechtigkeit.« Jeremia 33,16 Diesen Namen erhält jeder wahre Nachfolger Christi. Er ist das Erbteil des Gotteskindes. Die Familie trägt den Namen des Vaters. Der Prophet Jeremia betete zur Zeit des größten Niedergangs und der Heimsuchung Israels: »Wir heißen nach deinem Namen; verlass uns nicht!« Jeremia 14,9

Die Engel des Himmels und die Bewohner der sündlosen Welten heiligen diesen Namen. Wenn du betest: »Dein Name werde geheiligt«, bittest du darum, dass Er in dieser Welt und auch in dir geheiligt werde. Gott hat dich vor Menschen und Engeln als sein Kind anerkannt. Nun bitte Ihn auch, dass du seinem »guten Namen, der über euch genannt ist«, Jakobus 2,7 keine Schande bereitest. Gott hat dich zu seinem Vertreter in dieser Welt gemacht. In allen deinen Lebensregungen soll sich der Name Gottes offenbaren. Das bedeutet nichts anderes, als dass dir sein Wesen eigen sein soll. Du kannst seinen Namen nicht heiligen, kannst Ihm vor der Welt keine Ehre machen, wenn du nicht in deinem Leben und Wesen das Leben und Wesen Gottes offenbarst. Das aber wird dir nur möglich sein, wenn du dir die Gnade und Gerechtigkeit Christi zu eigen machst.

»Dein Reich komme.« Matthäus 6,10

Gott ist unser Vater, der uns als seine Kinder liebt und für uns sorgt. Er ist aber auch der erhabene König des Weltalls. Deshalb sind die Belange seines Königreiches die unseren und wir haben die Aufgabe, uns für dessen Aufrichtung einzusetzen. Die Jünger Christi erhofften die unmittelbare Aufrichtung des Reiches seiner Herrlichkeit. Mit dieser Bitte aber belehrte Jesus sie, dass dies Reich zu ihrer Zeit noch nicht zu erwarten war. Sie sollten sein Kommen als zukünftiges Ereignis erflehen. Doch diese Bitte kam ihnen auch einer Verheißung gleich. Wohl bestand für ihre Lebenszeit keine Aussicht auf das Königreich Gottes, weshalb Jesus ihnen auch befahl, dafür zu beten, aber zu der von Gott vorgesehenen Zeit wird es bestimmt kommen.

Heute schon wird dagegen das Reich der göttlichen Gnade errichtet, da Tag für Tag Herzen, ehedem sündig und empörerisch, sich der Liebe Gottes unterwerfen. Doch die vollständige Errichtung des Reiches seiner Herrlichkeit wird nicht vor der Wiederkunft Christi auf diese Erde stattfinden. »Das Reich und die Macht und die Gewalt über die Königreiche unter dem ganzen Himmel wird dem Volk der Heiligen des Höchsten gegeben werden.« Daniel 7,27 Sie werden das Reich ererben, das ihnen »bereitet ist von Anbeginn der Welt«. Matthäus 25,34 Dann wird Christus seine große Macht ergreifen und seine Herrschaft antreten.

Es werden sich abermals des Himmels Tore öffnen, und unser Heiland wird alsdann als König aller Könige und Herr aller Herren hervortreten mit zehntausendmal zehntausend Heiligen. Jahwe Immanuel ist nun König »über alle Lande. Zu der Zeit wird der Herr der einzige sein und sein Name der einzige«. Sacharja 14,9 »Die Hütte Gottes« ist unter den Menschen, und »Er wird bei ihnen wohnen, und sie werden sein Volk sein, und Er selbst, Gott, wird mit ihnen sein«. Offenbarung 21,3

Jesus sagte, vor seiner Wiederkunft werde »gepredigt werden dies Evangelium vom Reich in der ganzen Welt zum Zeugnis für alle Völker«. Matthäus 24,14 Sein Reich wird erst dann kommen, wenn die Heilsbotschaft von seiner Gnade über die ganze Erde gegangen ist. Mithin rücken wir dies

Ereignis in die Nähe, wenn wir uns Gott weihen und Ihm Seelen gewinnen. Ja, wer sich Ihm zu seinem Dienst weiht und spricht: »Hier bin ich, sende mich«, dass er der Blinden Augen auftue und Menschen bekehre »von der Finsternis zu dem Licht und von der Gewalt des Satans zu Gott, um zu empfangen Vergebung der Sünden und das Erbteil samt denen, die geheiligt sind« Jesaja 6,8; Apostelgeschichte 26,18, der kann von ganzem Herzen beten: »Dein Reich komme.«

»Dein Wille geschehe auf Erden wie im Himmel.« Matthäus 6,10

Der Wille Gottes, wie Er in seinem heiligen Gesetz zum Ausdruck kommt; und die Grundlagen dieses Gesetzes sind die gleichen wie die Grundlagen des Himmels. Die Engel im Himmel erreichen keine höhere Stufe der Erkenntnis, als den Willen Gottes zu kennen. Die Durchführung dieses Willens ist der erhabene Dienst, dem sie ihre Kräfte weihen.

Doch im Himmel wird kein Dienst aus gesetzlichem Zwang geleistet. Als Satan sich gegen das Gesetz Jahwes empörte, kam es den Engeln erst zum Bewusstsein, dass es ein Gesetz gab. Die Engel verrichten ihren Dienst nicht wie Diener, sondern wie Söhne. Zwischen ihnen und ihrem Schöpfer herrscht völlige Einigkeit. Gehorsam ist ihnen keine Last. Die Liebe zu Gott macht ihnen ihren Dienst zur Freude. So finden auch in jedem Menschen, in dem Christus, die Hoffnung der Herrlichkeit, wohnt, seine Worte Widerhall: »Deinen Willen, mein Gott, tue ich gern, und dein Gesetz hab ich in meinem Herzen.« Psalm 40,9

Die Bitte: »Dein Wille geschehe auf Erden wie im Himmel« beinhaltet, dass die Herrschaft des Bösen auf dieser Erde ein Ende nehme, dass die Sünde ewigen Untergang finde und das Königreich der Gerechtigkeit aufgerichtet werde. Dann wird Gott auf Erden wie auch im Himmel vollenden »allen rechten Willen zur Güte«. 2.Thessalonicher 1,11

»UNSER TÄGLICH BROT GIB UNS HEUTE.« Matthäus 6,11

Die erste Hälfte des Gebets, das uns Jesus gelehrt hat, bezieht sich auf den Namen, das Reich und den Willen Gottes: sein Name soll geehrt, sein Reich aufgerichtet und sein Wille getan werden. Hast du damit den Dienst Gottes all deinem Streben vorangestellt, dann magst du vertrauensvoll bitten, dass Gott auch deiner Bedürfnisse gedenken möge. Wenn du das Ich verleugnet und dich Christus übergeben hast, dann bist du ein Mitglied der Familie Gottes, und alles, was im Hause des Vaters ist, ist für dich. Alle Schätze Gottes sind dir zugänglich und damit nicht nur diese, sondern auch die zukünftige Welt. Der Dienst der Engel, die Gabe seines Geistes, das Werk seiner Sendboten, alles steht dir zur Verfügung. Die Welt mit allem, was darin ist, gehört dir zu, soweit es dir zum Guten gereicht. Selbst die Feindschaft der Bösen wird dir zum Segen gereichen, denn sie erzieht dich fürs Himmelreich. Wenn ihr Christi seid, dann ist alles euer. (1.Korinther 3,21-23)

Doch du bist wie ein Kind, dem die Verfügungsgewalt über das ganze Erbe noch nicht gegeben wurde. Gott vertraut dir deinen kostbaren Besitz noch nicht an, weil es sonst dem Teufel mit seiner Verführungskunst gelingen könnte, dich gleich dem ersten Paar in Eden zu betrügen. Christus verwahrt es für dich, damit es vor dem Verderber sicher ist. Wie das Kind wirst du Tag für Tag das empfangen, was du für diesen Tag brauchst. Du sollst jeden Tag beten: »Unser täglich Brot gib uns heute.« Du sollst nicht den Mut verlieren, wenn es nicht für morgen reicht, denn dir gilt die Verheißung: »Ich will dich nicht verlassen noch versäumen.« Hebräer 13,5 David sagte: »Ich bin jung gewesen und alt geworden und habe noch nie den Gerechten verlassen gesehen und seine Kinder um Brot betteln.« Psalm 37,25

Der Gott, der die Raben aussandte, Elia am Bach Krith zu speisen, wird an keinem seiner getreuen Kinder vorübergehen, die sich selbst verleugnen. Von dem, der in Gerechtigkeit wandelt, steht geschrieben: »Sein Brot wird ihm gegeben, sein Wasser hat er gewiss.« »Sie werden nicht zuschanden in böser Zeit, und in der Hungersnot werden sie genug haben.« Gott, »der auch seines eigenen Sohnes nicht hat verschonet, sondern hat ihn für uns alle dahingegeben; wie sollte Er uns mit Ihm nicht alles schenken?« Jesaja 33,16; Psalm 37,19; Römer 8,32 Der seiner verwitweten Mutter die Sorge und Bürde erleichterte und ihren Haushalt in Nazareth versorgen half, hat Mitgefühl mit jeder Mutter, die um Brot für ihre Kinder ringt. Der sich der Menge erbarmte, weil sie »verschmachtet und zerstreut« Matthäus 9,36 war, hat auch heute Mitleid mit den Armen, die da leiden. Seine Hand ruht segnend über ihnen, und so lehrt Er uns auch in dem Gebet, das Er seinen Jüngern gab, der Armen zu gedenken.

Wenn wir beten: »Unser täglich Brot gib uns heute«, bitten wir nicht nur für uns, sondern auch für andere. Wir erkennen damit zugleich an, dass die uns von Gott geschenkten Gaben nicht für uns allein bestimmt sind. Gott gibt sie uns in der Erwartung, dass wir auch die Hungrigen speisen. Er labt die Elenden mit seinen Gütern. Er spricht: »Wenn du ein Mittags- oder Abendmahl machst, so lade nicht deine Freunde noch deine Brüder noch deine Verwandten noch reiche Nachbarn, auf dass sie dich nicht etwa wieder laden und dir vergolten werde. Sondern wenn du ein Mahl machst, so lade die Armen, die Krüppel, die Lahmen, die Blinden, so bist du selig, denn sie haben's nicht, dir zu vergelten; es wird dir aber vergolten werden in der Auferstehung der Gerechten.« Lukas 14,12-14

»Gott aber kann machen, dass alle Gnade unter euch reichlich sei, damit ihr in allen Dingen allewege volle Genüge habt und noch reich seid zu jedem guten Werk.« »Wer da kärglich sät, der wird auch kärglich ernten; und wer da sät im Segen, der wird auch ernten im Segen.« 2.Korinther 9,8.6

Das Gebet ums tägliche Brot bezieht sich nicht nur auf die Erhaltung unseres Körpers, sondern auch auf die geistliche Nahrung der Seele zum ewigen Leben. Jesus sagt uns: »Schaffet euch Speise, nicht, die vergänglich ist, sondern die da bleibt in das ewige Leben.« »Ich bin das lebendige Brot, vom Himmel gekommen. Wer von diesem Brot essen wird, der wird leben in Ewigkeit.« Johannes 6,27.51

Unser Heiland ist das Brot des Lebens und wenn wir seine Liebe betrachten und in unsere Seele aufnehmen, genießen wir das Brot, das vom Himmel gekommen ist. Wir empfangen Christus durch sein Wort. Der Heilige Geist ist uns gegeben, das Wort Gottes unserem Verständnis zu erschließen und uns seine Wahrheit ins Herz zu senken. Wir müssen täglich beten, dass Gott uns beim Lesen seines Wortes seinen Heiligen Geist verleihen möge, uns die Wahrheit zu offenbaren, aus der wir die für den Tag notwendige seelische Stärkung schöpfen.

Mit der Unterweisung, täglich um alles Notwendige, um leiblichen und geistlichen Segen zu bitten, verfolgt Gott einen guten Zweck. Er möchte in uns die Überzeugung wecken, dass wir von seiner beständigen Fürsorge abhängig sind. Will Er uns doch in den Kreis seiner Gemeinschaft ziehen. In dieser Gemeinschaft sollen wir hungrigen Seelen durch Gebet und Eindringen in die erhabenen und köstlichen Wahrheiten seines Wortes gesättigt werden und Erquickung finden am Lebensbrunnen.

»Und vergib uns unsere Schuld, wie wir vergeben unsern Schuldigern.« Lukas 11,4

Jesus lehrt, dass Gott uns nur dann vergibt, wenn wir auch anderen vergeben. Die Liebe Gottes zieht uns zu ihm und wenn sie unsere Herzen rührt, dann schafft sie dort auch Liebe zu unseren Brüdern.

Als der Herr das Vaterunser gesprochen hatte, fügte Er hinzu: »Wenn ihr den Menschen ihre Übertretungen vergebet, so wird euch euer himmlischer Vater auch vergeben. Wenn ihr aber den Menschen nicht vergebet, so wird euch euer Vater eure Übertretungen auch nicht vergeben.« Matthäus 6,14.15 Wer nicht bereit ist zu vergeben, verstopft sich die Leitung, durch die ihm die Barmherzigkeit Gottes zuströmt. Wir dürfen uns nicht dem Gedanken hingeben, dass wir dem Beleidiger unsere Vergebung vorenthalten dürften, solange er seinen Fehler nicht bekannt hat. Sicherlich hat er sich durch Reue und Bekenntnis zu demütigen; aber wir sollen Mitleid mit dem haben, der sich gegen uns versündigt hat, ganz gleich, ob er seinen Fehler bekennt oder nicht. Wie schwer auch die uns geschlagenen Wunden sein mögen, sollen wir doch keinen Groll hegen oder Mitleid mit uns selbst haben. Hoffen wir, für unsere Vergehen gegen Gott Vergebung zu empfangen, dann müssen wir auch allen verzeihen, die sich an uns versündigt haben.

Vergebung aber ist von umfassenderer Bedeutung, als mancher annimmt. Wo Gott uns verheißt, dass bei Ihm viel Vergebung ist, setzt Er, als sollte die Bedeutung dieses Wortes alle unsere Begriffe übersteigen, hinzu: »Meine Gedanken sind nicht eure Gedanken, und eure Wege sind nicht meine Wege, spricht der Herr, sondern so viel der Himmel höher ist als die Erde, so sind auch meine Wege höher als eure Wege und meine Gedanken als eure Gedanken.« Jesaja 55,8.9 Die Vergebung Gottes ist keine bloße gerichtliche Handlung, mit der Er uns die Strafe erlässt. Sie bedeutet nicht nur Vergebung der Sünde, sondern auch Befreiung von der Sünde. Sie ist ein Ausströmen der Erlöserliebe mit Bekehrungskraft. David hatte den richtigen Begriff davon, als er betete: »Schaffe in mir, Gott, ein reines Herz, und gib mir einen neuen, beständigen Geist.« Psalm 51,12 Auch dort, wo er sagt: »So fern der Morgen ist vom Abend, lässt er unsere Übertretungen von uns sein.« Psalm 103,12

Gott gab sich in Christus selbst für unsere Sünden. Er litt den grausamen Kreuzestod, trug unsere Sündenlast, »der Gerechte für die Ungerechten« 1.Petrus 3,18, seine Liebe zu uns zu offenbaren und uns zu sich zu ziehen. Er spricht: »Seid aber miteinander freundlich, herzlich und vergebet einer dem andern, gleichwie Gott euch vergeben hat in Christus.« Epheser 4,32 Darum wollen wir Christus, das göttliche Leben, in uns wohnen lassen, Ihn durch uns die himmlische Liebe offenbaren lassen, damit Hoffnung in Verzweifelten und Himmelsfriede in Sündern aufsprieße. Wenn wir zu Gott kommen, empfangen wir unter der Bedingung Barmherzigkeit von Ihm, dass wir uns dem Dienst der Gnadenverkündigung weihen.

Willst du die vergebende Liebe Gottes empfangen und genießen, dann ist es zunächst notwendig, dass du wissest und glaubest die Liebe, die Er zu uns hat. 1.Johannes 4,16 Der Teufel nimmt allen Betrug zu Hilfe, unseren Blicken diese Liebe zu verschleiern. Er will uns immer zu dem Gedanken verleiten, unsere Fehler und Übertretungen seien so schwer, dass der liebe Gott unsere Gebete gar nicht erhören, uns deshalb auch nicht segnen und erretten könne. Gewiss erscheinen wir uns selbst als ohnmächtig. Da ist nichts, was uns bei Gott empfehlen könnte. Und der Teufel flüstert uns ein, dass es erst gar keinen Zweck habe, sich aufzuraffen. Wir können unsere Fehler ja doch nicht tilgen. Versuchen wir dennoch, uns Gott zu nahen, so flüstert uns der Feind zu, dass es keinen Sinn habe zu beten, weil wir ja einen Fehler begangen haben. Wir hätten uns doch nun einmal gegen Gott versündigt und damit auch unser Gewissen verletzt. Aber wir wollen dem Feind sagen: »Das Blut Jesu Christi, seines Sohnes, macht uns rein von aller Sünde.« 1.Johannes 1,7 Gerade wenn unsere Sünde auf uns lastet und wir nicht recht beten können, haben wir das Gebet nötig. Wir mögen uns schämen, mögen tief gedemütigt sein, trotzdem müssen wir beten und glauben. »Das ist gewisslich wahr und ein teuer wertes Wort, dass Christus Jesus gekommen ist in die Welt, die Sünder selig zu machen, unter welchen ich der vornehmste bin.« 1.Timotheus 1,15 Vergebung und Versöhnung mit Gott erlangen wir nicht als Belohnung für unsere Werke, es wird den Sündern nicht als Verdienst gewährt, sondern es ist eine Gabe an uns, die Christus durch seine untadelige Gerechtigkeit ermöglicht hat.

Wir sollten nie versuchen, durch Entschuldigung unserer Sünde unsere Schuld zu verringern. Wir müssen uns hier Gottes Beurteilung aneignen und die ist in der Tat vernichtend. Wie furchtbar die Macht der Sünde ist, lässt sich nur am Kreuz von Golgatha abschätzen. Hätten wir unsere Sünde selbst zu tragen, so würde uns die Last erdrücken. Doch der Sündlose ist an unsere Stelle getreten und obgleich Er's nicht verdiente, hat Er unsere Missetaten getragen. »Wenn wir aber unsre Sünden bekennen, so ist Er [Gott] treu und gerecht, dass Er uns die Sünden vergibt und reinigt uns von aller Untugend.« 1.Johannes 1,9 Herrliche Wahrheit! Gerecht nach seinem Gesetz und doch Rechtfertiger aller, die an Jesus glauben. »Wo ist solch ein Gott, wie du bist, der die Sünde vergibt und erlässt die Schuld denen, die übriggeblieben sind von seinem Erbteil; der an seinem Zorn nicht ewig festhält, denn Er ist barmherzig!« Micha 7,18

»Und führe uns nicht in Versuchung, sondern erlöse uns von dem Übel« Matthäus 6,13

Versuchung ist Verlockung zur Sünde. Sie kommt nicht von Gott, sondern von Satan und von dem in unserem Herzen schlummernden Bösen. »Gott kann nicht versucht werden zum Bösen, und Er selbst versucht niemand.« Jakobus 1,13

Satan sucht uns in Versuchung zu führen, damit Menschen und Engel unsere Schwächen erkennen, und er uns als sein Eigentum beanspruchen kann. In der bildhaften Weissagung des Propheten Sacharja steht Satan zur Rechten des Engels des Herrn und verklagt Josua, den Hohenpriester, weil er unreine Kleider anhat. Er bereitet dem Engel Schwierigkeiten, der sich für Josua einsetzen will. Genauso stellt sich Satan zu den Menschen, die Christus zu sich ziehen will. Der Feind verleitet uns zur Sünde und beschuldigt uns dann vor aller Welt, dass wir der Liebe

Gottes nicht würdig seien. Doch »der Engel des Herrn sprach zu dem Satan: Der Herr schelte dich, du Satan! Ja, der Herr, der Jerusalem erwählt hat, schelte dich! Ist dieser nicht ein Brandscheit, das aus dem Feuer gerettet ist?« Sacharja 3,2-5

Gott will in seiner großen Liebe die köstlichen Gnaden seines Geistes in uns keimen lassen. Er lässt es zu, dass wir auf Hindernisse stoßen, dass uns Verfolgung und Schwierigkeiten begegnen; aber nicht als Fluch, sondern als größter Segen unseres Lebens. Jedesmal, wenn wir einer Versuchung Widerstand geleistet, eine Trübsal tapfer erduldet haben, gewinnen wir daraus eine neue Erfahrung und kommen mit dem Aufbau unserer Persönlichkeit vorwärts. Wer durch göttliche Kraft der Versuchung widersteht, legt vor der Welt und vor dem Himmel davon Zeugnis ab, dass die Gnade Christi eine Kraft ist.

Doch während wir vor keiner noch so schweren Versuchung zu erschrecken brauchen, ist‘s an uns zu beten, Gott möge uns vor solchen Lagen bewahren, in denen sündige Herzenstriebe uns verhängnisvoll werden könnten. Wenn wir das Gebet sprechen, das Christus uns gegeben hat, vertrauen wir uns der Führung Gottes an, bitten Ihn um Führung auf sicherem Pfad. Wir können das Gebet nicht mit Überzeugung sprechen, wenn wir uns trotzdem für einen Weg eigener Wahl entscheiden. Wir müssen uns von seiner Hand führen lassen nach dem Wort: »Dies ist der Weg; den geht!« Jesaja 30,21

Wir gefährden uns, wenn wir zögernd über die Vorteile nachdenken, die uns ein Eingehen auf die Einflüsterungen Satans gewähren könnte. Sünde bedeutet Unehre und Unglück jedem Menschen, der darin einwilligt, obgleich sie in schillerndem Gewande betörend und schmeichlerisch auftritt. Wenn wir uns in Satans Gebiet wagen, sind wir nicht des Schutzes vor seiner Gewalt sicher. Soweit es an uns liegt, müssen wir alle Türen schließen, durch die der Versucher bei uns Eingang finden könnte.

Das Gebet »Führe uns nicht in Versuchung« ist gleichzeitig eine Verheißung. Übergeben wir uns Gott, dann ist uns gewiss: »Gott ist getreu, der euch nicht lässt versuchen über euer Vermögen, sondern macht, dass die Versuchung so ein Ende gewinne, dass ihr‘s könnet ertragen«. 1.Korinther 10,13

Der einzige Schutz gegen das Böse besteht darin, dass durch den Glauben an seine Gerechtigkeit Christus in unseren Herzen wohnt. Weil noch die Selbstsucht in unseren Herzen herrscht, hat auch die Versuchung noch Macht über uns. Doch wenn wir die unendliche Liebe Gottes erkennen, wird uns das hässliche und abstoßende Wesen der Selbstsucht klar werden und es entsteht in uns der Wunsch, sie aus unserer Seele zu bannen. Wie der Heilige Geist Christus verklärt, werden unsere Herzen nun weich und demütig, die Versuchung verliert ihre Macht und die Gnade Christi bildet unser Wesen um.

Christus wird nimmer eine Seele verlassen, für die Er gestorben ist. Die Seele mag Ihn verlassen und in der Versuchung fallen; Er selbst aber wird sich niemals von jemand abwenden, den Er durch das Lösegeld seines eigenen Lebens erkauft hat. Würden unsere Augen aufgetan, dann könnten wir Menschen sehen, unter Lasten gebeugt und mit Sorgen beladen, tief bedrückt durchs Leben schreitend, vor Mutlosigkeit bereit, dies Dasein aufzugeben. Dann aber würden wir auch Engel wahrnehmen, die diesen schon am Rande des Abgrundes stehenden Versuchten schnell zu Hilfe eilen.

Die Engel vom Himmel weisen die bösen Feinde zurück, die jene Menschen umringen und führen die Bedrohten auf einen sicheren Pfad. Der zwischen diesen beiden Heerlagern wogende Kampf ist ebenso wirklich, wie die von den Heeren dieser Welt geschlagenen Schlachten; doch vom Ausgang dieses Geisterkampfes hängt ewiges Leben ab.

Uns gilt wie Petrus das Wort: »Der Satan hat euer begehrt, dass er euch möchte sichten wie den Weizen. Ich aber habe für dich gebeten, dass dein Glaube nicht aufhöre«. Lukas 22,31.32 Gott sei Dank, dass wir nicht vereinsamt stehen. Der also die Welt geliebt hat, »dass Er seinen eingebornen Sohn gab, auf dass alle, die an Ihn glauben, nicht verloren werden, sondern das ewige Leben haben«, Johannes 3,16 lässt uns im Kampf mit dem Feind Gottes und der Menschen nicht im Stich. Er spricht: »Sehet, ich habe euch Vollmacht gegeben, zu treten auf Schlangen und Skorpione und über alle Gewalt des Feindes; und nichts wird euch schaden.« Lukas 10,19

Habt Gemeinschaft mit dem lebendigen Christus, dann wird Er euch fest bei der Hand fassen und nicht loslassen. Erkennt und glaubt die Liebe, die Gott zu uns hat, dann geht ihr sicher. Diese Liebe ist eine uneinnehmbare Festung gegen alle Anläufe und Anschläge Satans. »Der Name des Herrn ist eine feste Burg; der Gerechte läuft dorthin und wird beschirmt.« Sprüche 18,10

»Dein ist das Reich und die Kraft und die Herrlichkeit in Ewigkeit.« Matthäus 6,13

Der erste und auch der letzte Satz des Vaterunser bezieht sich auf unseren allmächtigen und allherrschenden Vater, dessen Name über allen Namen steht. Der Heiland sah die Zukunft vor den Jüngern nicht, wie sie sich‘s erträumten, im Sonnenglanz von Wohlstand und Ehre ausgebreitet, sondern durch Gewitterstürme menschlichen Hasses und teuflischer Wut verfinstert. In Unruhen und im Niedergang der Völker lauerten den Jüngern auf ihrem Wege Gefahren auf, dass ihre Herzen gar oft vor Furcht erzittern mussten. Sie sollten Jerusalem wüst, den Tempel vernichtet, den Gottesdienst für immer aufgehoben und Israel, Wrackstücken an öder Küste gleich, in alle Lande zerstreut sehen. Jesus sprach: »Ihr werdet hören von Kriegen und Kriegsgeschrei.« »Es wird sich empören ein Volk wider das andere und ein Königreich wider das andere, und werden sein teure Zeit und Erdbeben hin und her. Das alles aber ist der Anfang der Wehen.« Matthäus 24,6-8 Doch die Jünger Christi brauchten nicht zu fürchten, dass ihre Hoffnung vergebens gewesen sei oder dass Gott die Erde ihrem Schicksal überlassen habe. Es gehören Ihm trotzdem Kraft und Herrlichkeit zu, da seine erhabenen Absichten weiter ungehindert ihrer Vollendung entgegengehen. Im Gebet um ihre täglichen Bedürfnisse werden die Jünger Christi angehalten, über alle Macht und Herrschaft des Bösen hinwegzuschauen auf den Herrn, ihren Gott, dessen Herrschaft sich über alles erstreckt und der ihr Vater und ewiger Freund ist.

Der Untergang Jerusalems ist ein Bild jenes Untergangs, der die ganze Welt heimsuchen wird. Die Weissagungen, die mit der Eroberung Jerusalems teilweise erfüllt wurden, sind noch mehr auf die letzte Zeit anzuwenden. Wir stehen an der Schwelle ungeheurer und überwältigender Ereignisse. Wir stehen vor einer Umgestaltung, wie die Welt sie noch nie erlebt hat. Tröstlich klingt uns wie den ersten Jüngern die Verheißung, dass Gottes Reich sich über alles erstreckt. Die Abwicklung der künftigen Ereignisse liegt völlig in den Händen unseres Schöpfers. Der König des Himmels bestimmt das Schicksal der Völker und behält außerdem die Leitung seiner Gemeinde in seiner Hand.

Der göttliche Meister spricht zu jedem Werkzeug, das seinen Plänen dient, wie einst zu Kores: »Ich habe dich gerüstet, obgleich du mich nicht kanntest.« Jesaja 45,5

Im Gesicht des Propheten Hesekiel erschien eine Hand unter den Flügeln der Cherubim. Daraus sollen die Diener Gottes lernen, dass aller Erfolg von göttlicher Kraft abhängig ist. Wen Gott als Boten gebraucht, der soll ja nicht denken, dass das Werk von ihm abhänge. Für uns vergängliche Menschen wäre diese Verantwortlichkeit zu groß. Der da nicht schlummert, der fortwährend an der Vollendung seiner Absichten arbeitet, wird selber sein Werk fördern. Er wird die Absichten böser Menschen zunichte machen, wird den Ratschlag derer verwirren, die Arges gegen sein Volk beabsichtigen. Der König, der Herr der Heerscharen, der zwischen den Cherubim thront, behütet heute noch seine Kinder inmitten allen Streites und Aufruhrs. Und der im Himmel waltet, ist unser Heiland. Er bemisst jede Versuchung und bewacht das Läuterungsfeuer, in dem jeder einzelne sich zu bewähren hat. Wenn die Festungen der Könige zerstört werden, wenn Zornespfeile durch die Herzen seiner Feinde dringen, ist sein Volk doch sicher in seiner Hand.

»Dein, Herr, ist die Majestät und Gewalt, Herrlichkeit, Sieg und Hoheit. Denn alles, was im Himmel und auf Erden ist, das ist dein ... In deiner Hand steht Kraft und Macht, in deiner Hand steht es, jedermann groß und stark zu machen.« 1.Chronik 29,11.12

Nicht richten

»RICHTET NICHT, AUF DASS IHR NICHT GERICHTET WERDET.« Matthäus. 7,1

Das Mühen des Menschen, die Seligkeit durch eigene Werke zu gewinnen, führt ihn unweigerlich dahin, sich durch Menschengebote vor der Sünde schützen zu wollen. Wenn er sieht, dass er das Gesetz nicht erfüllen kann, stellt er eigene Regeln und Richtlinien auf, die ihm zum Gehorsam verhelfen sollen. Dadurch aber wird der Sinn von Gott weg und auf das Ich gelenkt. Die Liebe zu Gott erstirbt im Herzen und damit schwindet auch die zu den Mitmenschen. Das menschliche Gedankengebäude mit seinen zahlreichen Vorschriften macht seine Erbauer zu Richtern über alle, die gegenüber den menschlichen Satzungen in irgendeiner Weise zu kurz kommen. Vor lauter Selbstsucht und Haarspalterei müssen aller Edelmut und alle Großzügigkeit grausam ersticken und aus dem Menschen wird ein selbstsüchtiger Richter und ein kleinlicher Topfgucker.

Leute solcher Art waren die Pharisäer. Ihre Religionsübungen vermittelten ihnen nicht das Gefühl ihrer eigenen Schwäche und machten sie auch nicht dankbar für die herrlichen Gnadengaben, die Gott ihnen geschenkt hatte. Sie wurden dadurch vielmehr mit geistlichem Hochmut angefüllt und wussten von nichts anderem zu reden als vom Ich, den eigenen Gefühlen, dem eigenen Wissen und der eigenen Verfahrensweise. Sie richteten alle andern nach dem Maßstab ihres eigenen Standpunktes. Im Gewand der Selbstgerechtigkeit bestiegen sie den Richtersitz und beurteilten und verdammten von da aus.

Was wundert es, wenn auch das Volk dieses Geistes wurde, sich in Gewissenssachen einmengte und einer den andern in Angelegenheiten richtete, die der Betreffende allein mit sich und Gott abzumachen hatte! Jesus hat diesen Geist und diesen Brauch im Auge gehabt, wenn Er sagte: »Richtet nicht, auf dass ihr nicht gerichtet werdet.« Das bedeutet: Macht euch nicht zum Gesetz anderer. Glaubt nicht, dass eure Ansichten, eure Pflichtauffassung und eure Schriftauslegung ohne weiteres auch für andere maßgebend sei und geht vor allem nicht her, sie in eurem Herzen zu verdammen, wenn ihr Verhalten eurer Anschauung nicht entspricht. Richtet andere auch nicht in dem Sinne, dass ihr ihre Beweggründe in Frage stellt.

»Richtet nicht vor der Zeit, bis der Herr kommt, welcher wird ans Licht bringen, auch was im Finstern verborgen ist, und wird das Trachten der Herzen offenbar machen.« 1. Korinther 4,5 Wir können nicht im Herzen des anderen lesen. Da wir selber Fehler haben, kommt es uns nicht zu, über andere zu Gericht zu sitzen. Der vergängliche Mensch kann nur nach dem Äußeren urteilen. Menschen zu richten, kommt nur dem zu, der die verborgenen Beweggründe jeder Handlung kennt und Rücksicht und Mitleid beim einzelnen walten lässt.

»Darum, o Mensch, kannst du dich nicht entschuldigen, wer du auch bist, der da richtet. Denn worin du den andern richtest, verdammst du dich selbst, weil du eben dasselbe tust, was du richtest.« Römer 2,1 Wer jemand anderen verdammt oder richtet, wird mitschuldig, begeht er doch die gleiche Sünde. Er verkündigt damit sein eigenes Urteil und dies Urteil allein kann Gott für gerecht erklären. Er wird diesen Spruch des Menschen gegen sich selbst annehmen.

»Was siehest du aber den Splitter in deines Bruders Auge?« Matthäus 7,3

Noch nicht einmal das Wort: »Weil du eben dasselbe tust, was du richtest« macht die Größe der Sünde dessen ganz verständlich, der sich anmaßt, seinen Bruder zu beurteilen und zu verurteilen. Jesus sagte weiter: »Was siehest du aber den Splitter in deines Bruders Auge und wirst nicht gewahr des Balkens in deinem Auge?«

Dieses Wort bezieht sich auf solche Leute, die so schnell an anderen Fehler entdecken. Glauben sie im Wesen und Leben des Nächsten einen Makel entdeckt zu haben, so gehen sie flink her und sorgen dafür, dass er bekannt wird. Jesus dagegen bezeugt, dass mit solch unchristlichem Verhalten ein Wesenszug zutage tritt, der sich zu dem beanstandeten Fehler verhält wie der Balken zum Splitter. Es fehlt an der Gesinnung des Tragenkönnens und der Liebe, wenn man aus der Mücke einen Elefanten macht. Wer mit der ganzen Hingabe an Christus keine Zerknirschung erlebt hat, dessen Leben spendet nicht den milden Balsam der Heilandsliebe. Er gibt nicht das richtige Bild vom Evangelium voll seines sanften, freundlichen Geistes und verletzt Menschen, die dem Herrn köstlich sind, weil Christus sie erkauft hat. Dem Bilde gemäß, das der Heiland hier gebraucht, macht sich der Tadelsüchtige größerer Sünde schuldig, als der von ihm Beschuldigte. Begeht er doch nicht allein die gleiche Sünde, sondern fügt auch noch Hochmut und Tadelgeist hinzu.

Christus ist die einzige wirklich vorbildliche Persönlichkeit. Wer sich selbst anderen als vorbildlich hinstellt, drängt sich auf den Platz Christi. Da der Vater alles Gericht dem Sohn übergeben hat, Johannes 5,22 greift jeder unrechtmäßigerweise in das heilige Recht des Sohnes Gottes ein, wenn er sich ein Urteil über die Beweggründe anderer anmaßt. Diese selbsternannten Richter und Rechter stellen sich auf die Seite des Antichristen, »der da ist der Widersacher und sich überhebt über alles, was Gott oder Gottesdienst heißt, so dass er sich setzt in den Tempel Gottes und vorgibt, er sei Gott«. 2.Thessalonicher 2,4

Der kalte, richtende, unversöhnliche Geist des Pharisäismus ist eine Sünde mit sehr verhängnisvollen Folgen. Das religiöse Leben ohne Liebe ist zugleich ein Leben ohne Jesus. Wer keine Liebe hat, dem ist seine Sonne untergegangen. Den Verlust kann er weder durch emsige Tätigkeit noch durch unchristlichen Eifer wettmachen. Es gibt Leute, die einen erstaunlichen Spürsinn für die Entdeckungen der Fehler anderer Menschen haben, doch Jesus sagt zu allen Kindern dieses Geistes: »Du Heuchler, zieh zuerst den Balken aus deinem Auge; danach sieh zu, wie du den Splitter aus deines Bruders Auge ziehest!« Wer sich etwas zuschulden kommen lässt, ist auch der erste, der Böses argwöhnt. Als unsere Stammeltern gesündigt hatten, fingen sie gleich an, einander zu beschuldigen. In diesen Fehler wird der Mensch unweigerlich verfallen, wenn die Gnade Christi nicht in ihm wacht.

Wenn der Mensch diesen Anklagegeist nährt, wird er sich nicht damit begnügen, auf den vermeintlichen Fehler seines Nächsten aufmerksam zu machen. Er wird zunächst mildere Maßnahmen ergreifen, den anderen auf den nach seiner Meinung richtigen Weg zu bringen und, wenn die nichts fruchten, auch den Zwang nicht scheuen. Soweit es in seiner Macht liegt, wird er dem anderen seine Rechtsbegriffe aufzwingen. So haben es die Juden in den Tagen Christi gemacht und nach ihnen die Kirche, sobald sie von der Gnade Christi nichts mehr wusste. Aller Macht der Liebe bar, hat sie sich des mächtigen Arms des Staates bedient, ihre Lehren und Erlasse durchzusetzen. Und das ist das Geheimnis aller je erlassenen Religionsgesetze, das Geheimnis aller Verfolgungen von Abel bis auf unsere Zeit.

Christus treibt nicht, sondern zieht die Menschen zu sich. Den einzigen Druck übt Er durch seine Liebe aus. Wenn die Kirche anfängt, nach weltlicher Macht Ausschau zu halten, erbringt sie damit den Beweis, dass ihr die Kraft Christi fehlt, dass es ihr an göttlicher Liebe mangelt.

Die Schwierigkeit wurzelt beim einzelnen Angehörigen der Kirche. Bei ihm muss deshalb auch der Heilungsvorgang einsetzen. Jesus gebietet dem Verkläger zuerst den Balken aus dem eigenen Auge zu ziehen, also von seinem Richtgeist zu lassen, seine eigene Sünde zu bekennen und abzulegen, ehe er andere zurechtzuweisen sucht. »Denn es ist kein guter Baum, der faule Frucht trage und kein fauler Baum, der gute Frucht trage.« Lukas 6,43 Der Anklagegeist, den du nährst, ist eine faule Frucht und beweist, dass der ganze Baum faul ist. Es nützt dir gar nichts, wenn du dir durch Selbstgerechtigkeit zu helfen suchst. Dir tut eine Herzensänderung not. Hast du diese erlebt, dann eignest du dich dazu, andere zu berichtigen, denn »wes das Herz voll ist, des geht der Mund über«. Matthäus 12,34

Wenn ein Mensch in seinem Leben in innere Schwierigkeiten gerät und du ihm mit Rat und Mahnung zur Seite stehen willst, dann wohnt deinen Worten ein Einfluss zum Guten nur insoweit inne, als sie dein Leben und deine Gesinnung als Eigenbesitz ausweisen. Du musst gut sein, ehe du Gutes tun kannst. Du kannst niemand zu einer Umstellung beeinflussen, wenn du nicht selbst durch die Gnade Christi demütig, lauter und milde geworden bist. Hat sich dieser Wandel in dir vollzogen, dann kannst du gar nichts anderes als ein Segen sein, muss doch auch der Rosenbusch seine duftenden Blüten und der Weinstock seine köstlichen Trauben spenden.

Wenn Christus in dir die »Hoffnung der Herrlichkeit« Kolosser 1,27 ist, hast du gar kein Verlangen danach, anderen aufzulauern und ihre Fehler bloßzustellen. Statt zu beschuldigen und zu verdammen, richtest du dein Augenmerk darauf, zu helfen, zu segnen und zu retten. Kommst du mit einem Irrenden in Berührung, dann wirst du die Ermahnung beachten: »Siehe auf dich selbst, dass du nicht auch versucht werdest.« Galater 6,1 Du wirst dich daran erinnern, wie oft auch du gefehlt hast und wie schwer es dir fiel, wieder auf den rechten Weg zu kommen, nachdem du einmal abgewichen warst. Du wirst deinen Bruder nicht noch weiter in die Nacht hinausstoßen, sondern ihn mitleidsvoll auf seine Gefahr aufmerksam machen.

Wer oft nach dem Kreuz von Golgatha blickt und sich vergegenwärtigt, dass seine Sünden den Heiland dahin gebracht haben, wird nie versuchen, seine Schuld mit der eines anderen zu vergleichen. Er wird nicht den Richtersitz besteigen, um andere zu beschuldigen. Wer im Schatten des Kreuzes von Golgatha wandelt, den werden kein Richtgeist und keine Selbstgerechtigkeit beherrschen.

Erst wenn du dir gewiss bist, dass du dein Ich, ja selbst dein Leben opfern kannst, um einen irrenden Bruder zu retten, hast du den Balken aus deinem Auge gezogen und bist damit bereit auch deinem Bruder zu helfen. Nun magst du dich ihm nahen und ihm zu Herzen reden. Durch Tadel und Vorwürfe ist noch nie jemand aus seiner falschen Einstellung befreit worden. Dagegen sind auf diese Weise schon gar viele von Christus abwendig gemacht und dahin gebracht worden, sich gegen jedes bessere Wissen zu verschließen. Sanftmut, Milde und gewinnendes Wesen werden die Irrenden retten und eine Menge Sünden bedecken. Die Offenbarung Christi in deinem Wesen übt neuschaffende Kraft auf alle aus, mit denen du in Berührung kommst. Möge Christus sich täglich in dir offenbaren, möge aus dir die Schöpfermacht seines Wortes hervorbrechen, dann besitzt du jenen stillen, sanften und doch so mächtigen Einfluss, durch den andere in die Schönheit des Herrn, unseres Gottes, verwandelt werden.

»Ihr sollt das Heilige nicht den Hunden geben.« Matthäus 7,6

Jesus redet hier von Menschen, die gar nicht aus dem Käfig der Sünde heraus wollen. Ständig dem Verderben und dem Laster ausgesetzt, sind sie so heruntergekommen, dass sie das Böse lieben und nicht davon lassen wollen. Die Diener Christi sollen sich gar nicht erst mit solchen aufhalten, denen das Evangelium doch nur etwas Verächtliches ist.

Doch der Heiland ist noch nie an einem Menschen vorübergegangen, mochte er noch so tief in der Sünde stecken, der für die köstlichen himmlischen Wahrheiten noch aufnahmefähig war. Zöllnern und Ehebrechern bedeutete sein

Wort der Anfang eines neuen Lebens. Maria Magdalena, der der Herr sieben Dämonen ausgetrieben hatte, war die letzte an seinem Grabe und die erste, die Er am Auferstehungsmorgen begrüßte. Aus jenem Saulus von Tarsus, einem der schlimmsten Feinde des Evangeliums, wurde ein Paulus und ein ergebener Diener Christi. Unter Hass und Verachtung, ja selbst unter Verbrechen und Verkommenheit mag doch eine Seele verborgen sein, die durch Christi Gnade gerettet werden kann, dass sie einst ein Edelstein in der Krone des Erlösers sei.

»BITTET, SO WIRD EUCH GEGEBEN;
SUCHET, SO WERDET IHR FINDEN; KLOPFET AN,
SO WIRD EUCH AUFGETAN.« Matthäus 7,7

Der Herr gibt diese Verheißung in dreifacher Form, um Unglauben, Missverständnisse und falsche Auslegung auszuschalten. Er möchte gern alle Gottsucher auf den Glaubenspunkt bringen, dass bei Ihm alles möglich ist. Aus diesem Grund fügt Er hinzu: »Denn wer da bittet, der empfängt; und wer da sucht, der findet; und wer da anklopft, dem wird aufgetan.«

Der Herr stellt keine anderen Bedingungen, als dass wir nach seiner Gnade hungern, seinen Rat wünschen und nach seiner Liebe dürsten. »Bittet!« Das Bitten setzt die Einsicht unserer Bedürftigkeit voraus. Wenn wir dann im Glauben bitten, werden wir empfangen. Der Herr hat uns sein Wort darauf gegeben und wird es auch halten. Wenn du als wirklich Bedürftiger zu Ihm kommst, brauchst du nicht zu denken, dass deine Bitte um Erfüllung der göttlichen Verheißung eine Anmaßung sei. Wenn du um den nötigen Segen dafür bittest, dass du eine vollkommene

Persönlichkeit nach dem Ebenbild Jesu Christi werden kannst, dann darfst du dir seitens des Herrn ganz gewiss sein, eine Bitte ausgesprochen zu haben, die, in einer Verheißung begründet, auch ihre Erfüllung hat. Zu fühlen und zu wissen, dass du ein Sünder bist, gibt dir gerade Ursache, um göttliche Gnade und Barmherzigkeit zu flehen. Die Bedingung, unter der du dich Gott nahen darfst, besteht nicht in deiner Heiligkeit, sondern in deinem Wunsch, dass Gott dich von aller Sünde reinigen und von aller Ungerechtigkeit befreien möge. Unsere tiefe Not, unsere große Hilflosigkeit, macht uns Gott und seine Erlösungskraft zu einer Notwendigkeit und beweist, dass wir immer wieder bittend zu Ihm kommen müssen.

»Suchet!« Trachtet nicht nur nach seinem Segen, sondern sucht Gott selbst zu gewinnen. »Ergib dich Ihm, und habe Frieden.« Hiob 22,21 »Suchet, so werdet ihr finden.« Gott sucht dich, und wenn in dir der Wunsch entsteht, zu Ihm zu kommen, dann ist es auf das Wirken seines Geistes zurückzuführen. Zeige dich nicht unempfänglich! Christus tritt für die Versuchten, die Irrenden und die Treulosen ein. Er will sie zu seinen Nachfolgern machen. »Wirst du Ihn suchen, so wirst du Ihn finden.« 1.Chronik 28,9

»Klopfet an!« Wir kommen zu Gott, weil Er uns besonders dazu eingeladen hat, und Er möchte uns sehr gern in seinem Empfangsraum willkommen heißen. Die ersten Jünger, die Jesus nachfolgten, gaben sich nicht mit einer kurzen, auf dem Weg geführten Unterhaltung zufrieden. Sie sprachen zu Ihm: »Rabbi, ... wo bist du zur Herberge?... Sie kamen und sahen's und blieben den Tag bei Ihm.« Johannes 1,38.39 So können auch wir selbst zu der innigsten Gemeinschaft und zum Verkehr mit Gott kommen. »Wer unter den Schirm des Höchsten sich begibt, der weilet im Schatten des Allmächtigen.« Psalm 91,1 Mögen alle, die den Segen Gottes wünschen, nur anklopfen und im Warten an der Gnadentür sprechen: Du, Herr, hast gesagt: »Wer da bittet, der empfängt; und wer da sucht, der findet; und wer da anklopft, dem wird aufgetan.«

Jesus ließ seine Blicke über die Versammlung schweifen, die Ihn hatte hören wollen und wünschte von ganzem Herzen, dass alle Zuhörer die Gnade und Freundlichkeit Gottes schätzten. Um ihnen ihre Not und die Bereitwilligkeit Gottes, zu geben, recht vor Augen zu stellen, wies Er sie auf das Beispiel des hungrigen Kindes hin, das seinen irdischen Vater um Brot bittet. »Welcher ist unter euch Menschen, so ihn sein Sohn bittet ums Brot, der ihm einen Stein biete?« Er erinnerte sie also damit an die natürliche Liebe eines Vaters zu seinem Kinde und sagte weiter: »So nun ihr, die ihr doch arg seid, könnt dennoch euren Kindern gute Gaben geben, wieviel mehr wird euer Vater im Himmel Gutes geben denen, die ihn bitten!« Kein Mensch von Herz würde ein hungriges, um Brot bittendes Kind einfach stehen lassen. Sollte man es für möglich halten, dass er gefühllos bleibt und es sogar quält, indem er erst allerlei verspricht, um es hernach nicht zu halten? Könnte er wohl ein ordentliches Stück Brot versprechen und nachher einen Stein anbieten? Wie kommt dann der Mensch dazu, Gott mit der Meinung zu entehren, dass er für das Rufen seiner Kinder kein Ohr habe!

»So denn ihr, die ihr arg seid, könnt euren Kindern gute Gaben geben, wieviel mehr wird der Vater im Himmel den heiligen Geist geben denen, die Ihn bitten!« Lukas 11,13 Der Heilige Geist, der Gott vertritt, ist die Größte aller Gaben. Alle »guten Gaben« sind darin eingeschlossen. Der

Schöpfer kann uns nichts Erhabeneres, nichts Besseres geben. Wenn wir den Herrn anflehen, uns in unserer Not beizustehen, uns durch seinen Heiligen Geist zu führen, dann wird Er unser Gebet nicht unbeachtet lassen. Mag es auch vorkommen, dass ein Vater seines hungrigen Kindes vergisst, so wird doch bei Gott der Schrei aus armen, sehnsuchtsvollen Herzen nicht ungehört verhallen. Wie wunderbar zart schildert Er doch seine Liebe! Wer in dunklen Tagen das Gefühl hat, Gott achte seiner nicht, dem gilt die Botschaft aus dem Vaterherzen: »Zion aber sprach: Der Herr hat mich verlassen, der Herr hat meiner vergessen. Kann auch ein Weib ihres Kindleins vergessen, dass sie sich nicht erbarme über den Sohn ihres Leibes? Und ob sie seiner vergäße, so will ich doch deiner nicht vergessen. Siehe, in die Hände habe ich dich gezeichnet.« Jesaja 49,14-16

Jede Verheißung des Wortes Gottes kann uns dann zum Gebetsinhalt werden, wenn wir uns auf das gegebene Wort Jahwes stützen. Was wir an geistlichem Segen brauchen, dürfen wir durch Jesus für uns beanspruchen. Wir können dem Herrn in kindlicher Einfalt gern im Einzelnen sagen, was wir bedürfen. Wir können Ihm unsere zeitlichen Bedürfnisse vorlegen, indem wir Ihn um Nahrung und Kleidung bitten und auch unsere geistigen, das Brot des Lebens und das Gewand der Gerechtigkeit Christi. Dein himmlischer Vater weiß, dass du dies alles brauchst und fordert dich nur auf, Ihm deine diesbezügliche Bitte vorzulegen. Alle Gnadengaben werden uns nur in Jesu Namen zuteil. Gott wird diesen Namen ehren und uns aus dem Reichtum seiner Güte mit allem Notwendigen väterlich versorgen. Vergiss nun aber nicht, dass du dein Kindesverhältnis zu Gott anerkennst, wenn du dich Ihm wie zu deinem Vater nahst. Du hast damit nicht nur seiner Güte zu vertrauen, sondern auch in allem seinen Willen gelten zu lassen, in dem Bewusstsein, dass seine Liebe unwandelbar ist. Du gibst dich seinem Werk hin. Nun wohl denen, die Jesus eingeladen hat, vor allem nach dem Reich Gottes und nach seiner Gerechtigkeit zu trachten, gibt Er die Verheißung: »Bittet, so wird euch gegeben.«

Die Gaben dessen, der alle Gewalt im Himmel und auf Erden hat, gehören den Kindern Gottes. Sie sind so köstlich, dass sie uns nur durch eine so wertvolle Gabe, wie das Blut des Erlösers, zuteil werden. Sie erfüllen auch des Herzens tiefstes Sehnen. Sie bleiben in Ewigkeit und sind doch allen zur Freude zugänglich, die sich Gott als seine Kindlein nahen. O mach dir Gottes Verheißungen zu eigen, halt sie Ihm als sein Versprechen vor, dann wirst du Freude in Fülle empfangen!

»Alles nun, was ihr wollt, dass euch die Leute tun sollen, das tut ihnen auch!« Matthäus 7,12

Wenn Jesus uns der Liebe Gottes gewiss macht, will Er auch die brüderliche Liebe betonen. Um das zum Ausdruck zu bringen, hat Er hier ein Wort geprägt, das in seiner Tiefe auf das ganze Gemeinschaftsleben der Menschen anwendbar ist. Die Juden waren immer nur darauf bedacht, etwas zu empfangen. Sie machten sich viel Angst und Sorge um die Mehrung ihrer Macht, ihres Ansehens und des ihnen zu leistenden Dienstes. Christus aber lehrt, dass wir uns nicht um die Frage sorgen sollen, wieviel wir empfangen möchten, sondern wieviel wir geben können. Der Maßstab fremder Pflichten gegen uns ist mit dem Maß der von uns gegen die anderen erfüllten Pflicht gegeben.

Versetze dich in des anderen Lage. Vergegenwärtige dir sein Fühlen, seine Schwierigkeiten, seine Enttäuschungen, seine Freuden und seine Leiden. Denke, du stecktest in seiner Haut und dann tu ihm danach, wie du wünschest, dass in gleicher Lage dir getan würde. Dies ist ein rechtes Gesetz der Redlichkeit. Anders ausgedrückt lautet es: »Du sollst deinen Nächsten lieben wie dich selbst.« 3.Mose 19,18 So haben's schon die Propheten je und je als Hauptsache verkündigt. Es ist himmlisches Gesetz, das sich in allen entfalten wird, die seiner Weisung folgen.

Die Herzensbildung beruht auf dieser goldenen Regel, die am getreuesten Jesus in seinem Wesen und Leben abgebildet hat. Wie sanft und lieblich erscheint uns doch der Heiland in seiner täglichen Lebensführung! Welche Güte umgab Ihn! Seine Kinder werden desselben Geistes sein. Wem Christus innewohnt, den umgibt ein Hauch Gottes. Seine reinen weißen Kleider duften nach dem Garten des Herrn. Sein Antlitz strahlt das Licht des Ewigen wider und leuchtet auf dem Wege denen, die straucheln und müde geworden sind. Stellt jemand wirklich das Edelbild einer vollkommenen Persönlichkeit dar, dann wird er keinesfalls das Mitgefühl und das Zartgefühl Christi vermissen lassen. Der Einfluss der Gnade macht das Herz weich, veredelt und läutert das Fühlen und verleiht jenes von oben stammende Feingefühl. Doch die goldene Regel hat noch eine tiefere Bedeutung. Jeder, den die mannigfaltige Gnade Gottes zum Haushalter gemacht hat, wird aufgerufen, den in Unwissenheit und Finsternis befindlichen Menschen von seinem Gut mitzuteilen, denn wäre er an ihrer Stelle, so würde er ja auch gern am Segen teilhaben. Der Apostel Paulus schrieb: »Ich bin ein Schuldner der Griechen und der Nichtgriechen, der Weisen und der Nichtweisen.« Römer 1,14 Von allem, was du um die Liebe Gottes weißt, ja von allem, was du an seinen reichen Gnadengütern mehr empfangen hast, als der in tiefster Nacht und größtem Elend befindliche Mensch auf Erden, bist du diesem selben Menschen schuldig, etwas abzugeben.

So ist's auch mit den Gaben und Segnungen dieses Lebens. Was du mehr als deine Mitmenschen besitzt, setzt dich, im Maß deines Überschusses, in Schuld bei ihnen, den weniger Begünstigten. Besitzen wir Reichtum, verfügen wir über mancherlei Bequemlichkeiten, dann obliegt uns die feierliche Pflicht, für elende Kranke, Witwen und Waisen, zu sorgen, würden wir doch, bei Umkehrung der Verhältnisse genau das gleiche von ihnen erwarten.

Die goldene Regel enthält auf der anderen Seite die gleiche Wahrheit, die sich auch anderswo in der Bergpredigt findet: »Mit welcherlei Maß ihr messet, wird euch gemessen werden.« Was wir anderen tun, wird, je nachdem es gut oder böse ist, als Segen oder als Fluch zu uns zurückkommen. Wir erhalten stets wieder, was wir gegeben haben. Was wir anderen an irdischen Segnungen zuteil werden ließen, wird uns oft genug in ähnlicher Weise entgolten. In einer Notlage mag uns unsere Guttat mit himmlischer Münze vierfach zurückerstattet werden. Aber außerdem haben wir auch reichen Lohn schon in diesem Leben dadurch, dass die Liebe Gottes reicher auf uns einströmt, und das ist ja das Höchste, was uns an himmlischer Herrlichkeit und an himmlischen Gütern zuteil werden kann.

Genauso kehrt nun auch die böse Tat zu uns zurück. Wer sich erlaubt hat, zu verdammen und zu entmutigen, muss in seinem eigenen Leben ebenfalls durch die Gegend schreiten, wohin er andere hat gehen lassen. Er wird genau das zu erleiden haben, was andere Menschen durch seinen Gefühlsmangel und seine Lieblosigkeit erdulden mussten. So hat es Gott in seiner Liebe verordnet. Will Er doch gegen unsere eigene Hartherzigkeit Hass in uns entzünden und unsere Herzen aufschließen, dass Jesus darin wohne. So werden wir jenseits des Bösen gestellt, genießen Gutes, und was als Fluch erschien, wird zum Segen.

Die Grundlagen der goldenen Regel und des Christentums sind die gleichen. Wer davon etwas abstreichen will, betrügt. Eine Religion, durch die wir solche Menschen geringschätzen würden, die Christus mit dem hohen Preis seiner eigenen Dahingabe bewertet hat, eine Religion, die uns den Nöten, Leiden und Rechten des Menschen gegenüber fahrlässig machen würde, hat keinen Anspruch auf Geltung. Wenn wir das Anrecht der Armen, Leidenden und Sünder auf Hilfe missachten, erweisen wir uns als Verräter Christi. Das Christentum hat deshalb so wenig Macht in der Welt, weil die Menschen, die sich nach dem Namen Christi nennen, im Leben sein Wesen verleugnen. Durch diesen Sachverhalt wird der Name des Herrn gelästert.

Von der Apostelgemeinde jener Tage, als die Herrlichkeit des auferstandenen Heilandes ihr noch leuchtete, steht geschrieben, dass »nicht einer sagte von seinen Gütern, dass sie sein wären«. »Es war auch keiner unter ihnen, der Mangel hatte.« »Und mit großer Kraft gaben die Apostel Zeugnis von der Auferstehung des Herrn Jesus, und große Gnade war bei ihnen allen.« »Und sie waren täglich und stets beieinander einmütig im Tempel und brachen das Brot hin und her in den Häusern, nahmen die Speise mit Freuden und lauterem Herzen, lobten Gott und hatten

Gnade bei dem ganzen Volk. Der Herr aber tat hinzu täglich, die gerettet wurden, zu der Gemeinde.« Apostelgeschichte 4,32.34.33; 2,46.47

Durchforsche Himmel und Erde und du wirst vergeblich nach einer mächtigeren Offenbarung der Wahrheit suchen als der, die sich im Werk der Barmherzigkeit an denen zeigt, die Teilnahme und Hilfe brauchen. Das ist die Wahrheit in Christus. Wer den Namen Christi bekennt und die goldene Regel durchführt, dessen Verkündigung wird die gleiche Kraft begleiten wie zur Zeit der Apostel.

»Die Pforte ist eng, und der Weg ist schmal, der zum Leben führt.« Matthäus 7,14

Zur Zeit Christi lebten die Einwohner Palästinas in befestigten Städten, die zumeist auf Hügeln oder Bergen lagen. Zu den Toren, die bei Sonnenuntergang geschlossen wurden, führten steile Felsenpfade. Der Wanderer, der gegen Abend in die Nähe der Heimatstadt kam, mußte das letzte schwierige Wegstück gar oft in eiliger Hast zurücklegen, um das Tor vor Einbruch der Dunkelheit zu erreichen. Wer zu spät kam, musste draußen bleiben.

Jesus benutzte das Bild eines solchen schmalen Steilpfades, der nach Hause und zur Ruhe führte, um den Pfad des Christen zu veranschaulichen. »Der Weg, den ich euch gewiesen habe,« sagte er, »ist schmal.« Es ist schwer, durchs Tor zu kommen, schließt doch die goldene Regel allen Stolz und alle Selbstsucht aus. Es gibt allerdings auch einen breiteren Weg. Der führt aber ins Verderben. Wenn ihr den Weg geistlichen Lebens wählt, geht‘s dauernd aufwärts, ist dieser doch ein Steilpfad. Auch werdet ihr wenig Gesellschaft haben, denn die Masse wählt den Weg nach unten.

Auf dem Wege zum Tode kann die ganze Menschheit wandern; da hat sie mit all ihrer Weltlichkeit, ihrer Selbstsucht, ihrem Stolz, ihrer Unehrlichkeit und ihrer sittlichen Verkommenheit Platz. Da ist auch Raum für jedes Menschen Ansicht und Lehre, der eigenen Neigung zu folgen, zu tun, was die Eigenliebe gerade eingibt. Auf dem Wege des Verderbens zu gehen, bedingt gar nicht erst ein Suchen nach diesem Weg. Ist doch die Pforte weit und der Weg breit und die Füße wenden sich schon von Natur aus nach dem Pfad, der im Tod endet.

Der Weg zum Leben aber ist schmal, und die Pforte ist eng. Wenn du noch an einer Lieblingssünde festhältst, wird dir der Weg zu schmal vorkommen, so dass du ihn nicht betreten kannst. Du mußt deinen eigenen Weg, deinen eigenen Willen, deine üblen Gewohnheiten, aufgeben, wenn du auf dem Wege des Herrn bleiben willst. Wer Christus dienen will, darf nichts auf die Meinung der Welt geben noch sich nach ihr richten. Der Weg zum Himmel ist zu schmal zur Befriedigung des Ehrgeizes ums Ich, zu steil und steinig für Liebhaber der Bequemlichkeit. Arbeit, Geduld, Selbstverleugnung, Tadel, Armut, Widerspruch der Sünder, das war Christi Teil und muss auch unser Teil sein, wenn wir je ins Paradies Gottes gelangen wollen.

Es wäre aber ganz falsch, hieraus den Schluss zu ziehen, dass der Weg nach oben der schwierigere und die Straße nach unten die leichtere sei. Auf dem ganzen Weg, der zum Tode führt, sind Mühe und Not, Sorge und Enttäuschung verteilt und stehen da gleichsam als Warnungsschilder, nicht weiterzugehen. Gott macht es aus Liebe den Verächtern und Halsstarrigen schwer, sich selbst zu vernichten. Natürlich gestaltet Satan seine Straße so, dass sie lieblich anzusehen ist; aber es ist alles Betrug. Auf dem Weg des Bösen entstehen bittere Vorwürfe und nagende Sorgen. Es mag angenehm erscheinen, Stolz und weltlichen Ehrgeiz zu hegen. Das Ende aber sind Kummer und Schmerz. Selbstsüchtiges Vorhaben mag schmeichelhafte Aussichten bieten und Genuss verheißen; doch wir werden nur vergälltes Glück finden und die Hoffnungen, die sich auf unser eigenes Wohlergehen richten, können unser Leben nicht bereichern. Wohl mag das Tor am Ende des breiten Weges mit Blumen geschmückt sein aber unterwegs treten wir auf Dornen. Hinter dem Hoffnungslicht an diesem Tor gerät man gar bald in die Nacht der Verzweiflung. Wer diesen Weg verfolgt, steigt ins Schattenreich ewiger Nacht hinunter.

»Der Verächter Weg bringt Verderben.« Aber die Wege der Weisheit »sind liebliche Wege, und alle ihre Steige sind Frieden«. Sprüche 13,15; Sprüche 3,17 Jede dem Herrn Jesus geltende Gehorsamstat, jede Ihm geweihte Selbstverleugnungstat, jedes mutig getragene Leid, jeder Sieg über die Versuchung, bringt uns der Herrlichkeit des endgültigen Sieges einen Schritt näher. Wählen wir Christus zum Führer, dann wird Er uns sicher leiten. Selbst der größte Sünder braucht den richtigen Weg nicht zu verfehlen. Und der im Unsichern Tastende kann im reinen und heiligen Lichte wandeln. Obwohl der Weg so schmal ist und so heilig, dass auf ihm keine Sünde geduldet werden kann, ist doch Hilfe für alle vorhanden und es kann niemand aus Zweifel und Furcht sprechen, Gott stehe ihm doch nicht bei. Der Weg mag rauh, der Anstieg steil erscheinen; zur Rechten und Linken mögen Abgründe gähnen; es mögen auf unserer Reise mancherlei Schwierigkeiten zu überwinden sein; sind wir müde und sehnen uns nach Ruhe, müssen wir vielleicht doch weiter voran; wenn wir matt sind, mag uns immer noch Kampf beschieden sein und mutlos geworden, heisst es dennoch weiter zu hoffen. Ist jedoch bei alledem Christus unser Führer, dann werden wir schließlich die ersehnte Ruhestätte erreichen. Christus selbst ist vor uns diesen rauhen Pfad gegangen und hat uns schon den Weg geebnet.

Am Rande des steilen Pfades, der zum ewigen Leben führt, finden sich überall Brunnen der Freude, den Müden zur Erquickung. Wer immer auf diesem Weg der Weisheit wandelt, wird selbst im Leiden seine große Freude bewahren; wandelt doch der, den seine Seele liebt, wenn auch unsichtbar, neben ihm. Bei jedem Schritt aufwärts spürt er deutlicher seine stützende Hand, fallen hellere Strahlen aus der Herrlichkeit des Unsichtbaren auf seinen Weg. Und sein Lobgesang schwingt sich immer höher bis zum Throne Gottes, wo er sich mit den Liedern der Engel vereint. »Der Gerechten Pfad glänzt wie das Licht am Morgen, das immer heller leuchtet bis zum vollen Tag.« Sprüche 4,18

»Gehet ein durch die enge Pforte.« Lukas 13,24

Der Reisende, der sich beeilen musste, das Stadttor noch vor Sonnenuntergang zu erreichen, durfte sich nicht irgendeines Anziehungspunktes wegen auf des Weges Seite schlagen. Er musste alle seine Kraft auf die Erreichung des Zieles richten. Die gleiche Zielstrebigkeit ist nach dem Ausspruch Jesu im Christenleben erforderlich. Jesus hat uns die Herrlichkeit seines Wesens schauen lassen, die auch die wahre Herrlichkeit seines Königtums ausmacht. Darin liegt zwar keine Verheißung irdischer Herrschaft, aber doch ist dies dein Hochziel, wert aller Anstrengung. Jesus ruft dich nicht zum Kampf um die Vorherrschaft eines

Reiches dieser Welt; daraus darfst du aber nicht schließen, es gebe hier keinen Kampf auszufechten, keinen Sieg zu gewinnen. Er gebietet dir zu ringen und zu streiten, um in sein geistliches Königreich zu kommen.

Des Christen Leben ist ein Kampf, ein Feldzug. Den Sieg trägt jedoch keiner in menschlicher Kraft davon. Das Schlachtfeld ist des Menschen Herz. Die Schlacht, die wir kämpfen, ein ungeheurer und wohl auch der größte Kampf, geht um die Übergabe des Ichs an den Willen Gottes, um die Auslieferung des Herzens an die Herrschaft der Liebe. Der alte Mensch, nach dem Geblüt und dem Willen des Fleisches geboren, kann nicht ins Reich Gottes eingehen. Er muss seine vererbten Neigungen und seine alten Gewohnheiten aufgeben.

Wer sich zum Eintritt ins Reich des Geistes entschließt, wird bald feststellen, dass alle Macht und Leidenschaft einer ungezügelten Natur zusammen mit den Mächten aus dem Reich der Finsternis sich gegen ihn stellen. Selbstsucht und Stolz werden sich wider alles erheben, was ihre Sündhaftigkeit bloßstellen könnte. Wir können nicht aus uns selbst böse Wünsche und Gewohnheiten besiegen, die um die Herrschaft ringen. Wir können den mächtigen Feind, der uns in seinen Fängen hält, nicht überwinden. Gott allein kann uns den Sieg geben. Er will, dass wir uns selbst unseres Willens und unseres Weges Herr sein sollen. Doch kann Er ohne unsere Einwilligung und unseren Krafteinsatz nichts in uns ausrichten. Der Geist Gottes wirkt durch die dem Menschen verliehenen Fähigkeiten und Kräfte in ihm. Gott fordert den Einsatz unserer Willenskraft.

Wir können den Sieg nicht ohne viel ernstes Gebet erringen und auch nicht ohne Demut bei jedem Schritt. Unser

Wille wird nicht zur Zusammenarbeit mit göttlichen Mächten gezwungen, das bleibt Sache freien Entschlusses. Wäre es möglich, in dir den Heiligen Geist zu hundertfach stärkerer Wirkung zu bringen, dann würdest du doch nicht zu einem Christen werden und auch nicht fürs Himmelreich geeignet sein; die Festung Satans würde nicht eingerissen. Du musst deinen Willen auf die Seite des Gotteswillens stellen. Aus dir selbst kannst du deine Absichten, Wünsche und Neigungen dem Willen Gottes nicht unterwerfen. Doch wenn du bereit bist, willig zu werden, wird Gott an deiner Statt das Werk vollbringen und selbst zerstören die »Anschläge und alles Hohe, das sich erhebt wider die Erkenntnis Gottes, und nehmen gefangen alle Gedanken unter den Gehorsam Christi«. Dann wirst du schaffen, dass du selig wirst, mit Furcht und Zittern. »Denn Gott ist's, der in euch wirkt beides, das Wollen und das Vollbringen, zu seinem Wohlgefallen.« 2.Korinther 10,5; Philipper 2,12.13

Viele jedoch fühlen sich von der Schönheit Christi und der himmlischen Herrlichkeit angezogen, schrecken aber vor den Bedingungen zurück, unter denen allein sie ihrer teilhaftig werden können. Auf dem breiten Weg gibt es gar viele, die nicht recht damit zufrieden sind, dass sie dort wandeln. Sie wollen aus der Knechtschaft der Sünde heraus und geben sich auch alle Mühe, gegen ihre Gewohnheitssünden anzugehen. Sie schauen nach dem schmalen Weg und der engen Pforte; doch selbstsüchtiges Vergnügen, Weltliebe, Stolz und unheiliger Ehrgeiz schieben sich als Schranke zwischen sie und den Heiland. Von ihrem Eigenwillen, von den Zielen ihrer Zuneigung und ihres Strebens loszukommen, erfordert ein Opfer, vor dem sie sich scheuen und wovor sie zurückschrecken. »Viele werden

...danach trachten, wie sie hineinkommen, und werden's nicht können.« Lukas 13,24 Sie sehnen sich nach dem Guten, strengen sich auch an, es zu erreichen, erwählen es aber nicht. Sie setzen nicht ihren ganzen Willen dafür ein, es um jeden Preis zu erringen.

Die einzige Hoffnung auf Überwindung liegt für uns darin, unseren Willen dem Willen Gottes unterzuordnen, mit Ihm zusammen zu wirken und zwar Stunde um Stunde und Tag für Tag. Wir können nicht bleiben, wie wir sind und dennoch ins Reich Gottes eingehen. Wenn wir je die Heiligung erlangen, dann nur durch Verleugnung des Ichs und Annahme der Gesinnung Christi. Stolz und Eigendünkel müssen gekreuzigt werden. Sind wir willens, den von uns geforderten Preis zu zahlen? Sind wir entschlossen, unseren Willen vollkommen dem Willen Gottes anzupassen? Die umgestaltende Gnade Gottes wird uns nicht eher zuteil, bis wir zu all dem bereit sind.

Der Kampf, in den wir ziehen müssen, ist der »gute Kampf des Glaubens«. »Daran ich auch arbeite und ringe in der Wirkung des, der in mir kräftig wirkt«, Kolosser 1,29 hat der Apostel Paulus gesagt. Jakob hat sich am größten Wendepunkt seines Lebens zum Gebet gewandt. Es stand ihm dabei ein ungeheures Hochziel vor Augen: die Umwandlung seines Wesens. Doch während er zu Gott betete, griff ihn, seiner Meinung nach, ein Feind an und nun rang er die ganze Nacht hindurch um sein Leben. Aber sein inneres Ziel änderte sich trotz seiner Lebensgefahr nicht. Als er seine Kraft fast verausgabt hatte, da trat der Engel mit seiner göttlichen Kraft hervor und bei seiner Berührung erkannte Jakob den, mit dem er die ganze Nacht hindurch gerungen hatte. Verletzt und hilflos fiel er seinem

Heiland an die Brust und bat ihn um seinen Segen. Er ließ sich weder abweisen, noch hörte er auf zu bitten und so erfüllte Christus dem hilflosen, reuigen Menschen die Bitte entsprechend seiner Verheißung: »O halte er fest an meinem Schatz, und schaffe er mir den Frieden, den Frieden schaffe er mir.« Jakob bat entschlossen: »Ich lasse dich nicht, du segnest mich denn.« Jesaja 27,5; 1.Mose 32,27 Von diesem Geist der Beharrlichkeit wurde der Erzvater durch den beseelt, der mit ihm gerungen hatte. Der gab ihm auch den Sieg und änderte seinen Namen Jakob in den Namen Israel mit den Worten: »Du hast mit Gott und mit Menschen gekämpft und hast gewonnen.« 1.Mose 32,29 Wonach Jakob in eigener Kraft vergeblich getrachtet hatte, das gewann er durch Selbsthingabe und unentwegten Glauben. »Unser Glaube ist der Sieg, der die Welt überwunden hat.« 1.Johannes 5,4

»Hütet euch vor den falschen Propheten.« Matthäus 7,15

Falsche Lehrer werden sich erheben, dich vom schmalen Pfade und von der engen Pforte abzubringen. Nimm dich vor solchen in acht! Sie gehen in Schafskleidern einher und sind doch innerlich reißende Wölfe. Jesus gibt uns einen Prüfstein, mit dem wir falsche Lehrer von den Lehrern der Wahrheit unterscheiden können. »An ihren Früchten sollt ihr sie erkennen. Kann man auch Trauben lesen von den Dornen oder Feigen von den Disteln?«

Es ist uns nicht gesagt, dass wir sie an ihren schönen Reden oder an ihrem großartigen Bekenntnis erkennen sollen. Sie sollen durchs Wort Gottes gerichtet werden. »Hin zur Weisung und hin zur Offenbarung! Werden sie das nicht sagen, so wird ihnen kein Morgenrot scheinen.« Jesaja 8,20

Was für eine Botschaft bringen diese Lehrer? Führt sie euch zur Ehrfurcht und Furcht Gottes? Leitet sie eure Liebe zum Gehorsam gegen seine Gebote? Wenn ein Mensch nicht die Wichtigkeit des Sittengesetzes ahnt, wenn er Gottes Gebote leicht nimmt, wenn er eins von den kleinsten Geboten auflöst, die Leute also zu lehren, dann gilt er vor dem Himmel gar nichts. Dann dürfen wir wissen, dass sein Lehranspruch keine Berechtigung hat. Jener beteiligt sich an dem Werke, das der Fürst der Finsternis, der Feind Gottes, ins Leben gerufen hat.

Es sind nicht alle Christi, die seinen Namen bekennen und es äußerlich sind. Jesus sagt, dass viele, die in seinem Namen gelehrt haben, schließlich doch nicht ans Ziel gelangen. »Es werden viele zu mir sagen an jenem Tage: Herr, Herr, haben wir nicht in deinem Namen geweissagt? Haben wir nicht in deinem Namen böse Geister ausgetrieben? Haben wir nicht in deinem Namen viele Taten getan? Dann werde ich ihnen bekennen: Ich habe euch nie gekannt; weichet von mir, ihr Übeltäter!« Matthäus 7,22.23

Es gibt Leute, die auf dem richtigen Weg zu sein glauben, während sie auf dem falschen wandeln. Während sie Christus als ihren Herrn beanspruchen und angeblich in seinem Namen große Werke verrichten, sind sie doch Werkzeuge der Ungerechtigkeit. »Was wohlgefällig ist, das führen sie im Munde; ihr Herz aber ist auf ihren Gewinn gerichtet.« Hesekiel 33,31 Wer Gottes Wort verkündigt, ist ihnen »wie einer, der Liebeslieder singt, der eine schöne Stimme hat und gut spielen kann. Sie hören wohl deine Worte, aber sie tun nicht danach.« Hesekiel 33,32

Ein bloßes Bekenntnis der Jüngerschaft hat keinen Wert. Der rettende Glaube an Christus ist nicht so, wie ihn viele darstellen. Sie sprechen: Glaubet nur, dann braucht ihr das Gesetz nicht zu halten! Ein Glaube jedoch, der nicht zum Gehorsam führt, ist eine Anmaßung. Der Apostel Johannes schreibt: »Wer da sagt: Ich kenne ihn, und hält seine Gebote nicht, der ist ein Lügner, und in solchem ist die Wahrheit nicht.« 1.Johannes 2,4 Möge ja niemand sich dem Gedanken hingeben, dass besondere Vorsehung ein Echtheitsbeweis ihres Werkes und der von ihnen vertretenen Ansichten seien. Wenn jemand sich nur oberflächlich mit dem Wort Gottes beschäftigt und ihm seine Eindrücke, Gefühle und Erfahrungen mehr als die göttliche Richtschnur gelten, haben wir den Beweis, dass kein Licht in ihm ist.

Gehorsam ist der Prüfstein der Jüngerschaft. Durch Halten der Gebote beweisen wir die Echtheit unseres Bekenntnisses zur Liebe. Wenn die Lehre, die wir annehmen, die Sünde im Herzen tötet, die Seele von ihren Flecken reinigt, Frucht der Heiligkeit hervorbringt, dann wissen wir, dass es sich um die Wahrheit Gottes handelt. Wenn Wohltat, Güte, Zartgefühl, Mitgefühl aus unserem Leben leuchten, wenn die Freude am rechten Wandel in unseren Herzen lebt, wenn wir Christus und nicht uns selbst erhöhen, dann dürfen wir der rechten Glaubensrichtung gewiß sein. »An dem merken wir, dass wir Ihn kennen, wenn wir seine Gebote halten.« 1.Johannes 2,3

Es »fiel ... doch nicht; denn es war auf den Felsen gegründet«. Matthäus 7,25

Das ganze Volk war von den Worten Christi tief bewegt. Die göttliche Schönheit der Grundsätze der Wahrheit übte große Anziehungskraft auf sie aus. Die ernsten Warnungen

Christi hatten ihnen wie die Stimme des Herzen erforschenden Gottes geklungen. Seine Worte hatten die Wurzel ihres alten Denkens und Meinens bloßgelegt. Wenn sie seiner Lehre folgen wollten, mussten sie ihre alten Denk- und Tatgewohnheiten ändern. Dadurch aber gerieten sie mit ihren Religionslehrern in Zwiespalt; denn die Folge musste ein Umsturz des ganzen Baues sein, an dem die Rabbiner seit Menschenaltern gearbeitet hatten. So kam es, dass trotz der Zustimmung zu seinen Worten, wenige bereit waren, ihr Leben danach zu gestalten.

Jesus beendete seine Bergpredigt mit einem Bild, das mit überraschender Deutlichkeit betonte, wie wichtig es sei, das Gehörte auch in die Tat umzusetzen. Unter den Zuhörern des Heilandes befanden sich viele, die ihr ganzes Leben in der Gegend des Galiläischen Meeres zugebracht hatten. Von dem Abhang aus, wo sie den Worten Christi lauschten, konnten sie Täler und Schluchten sehen, durch die die Bergbäche sich ihren Weg zum See bahnten. Im Sommer trockneten diese Flüsse oft völlig aus und hinterließen nur ein sandiges Bett. Wenn jedoch die Winterstürme über die Berge brausten, wurden die Bäche zu wilden, reißenden Strömen und überschwemmten dabei mitunter die Dörfer, die die unaufhaltsame Flut einfach forttrug. Selbst die Hütten, die die Bauern sich auf den Grasebenen, scheinbar außerhalb des Gefahrengebiets, erbaut hatten, wurden oft mit fortgerissen. Oben auf den Bergen jedoch gab es auch auf Felsen gebaute Häuser. In manchen Gegenden gab es sogar ganz feste Gebäude, die schon tausend Jahre lang den Stürmen standgehalten hatten. Sie waren mit großer Mühe und unter bedeutenden Schwierigkeiten errichtet worden. Man konnte nicht leicht hingelangen, und ihre Lage erschien unwirtlicher als die in der grünen Ebene. Doch sie waren auf Felsen gegründet und Winde, Fluten und Stürme umtosten sie vergebens.

Dem Menschen, der sein Haus auf den Felsen baut, ist nach dem Wort Jesu jeder gleich, der seine Worte aufnimmt und sein Wesen und Leben darauf gründet. Jahrhunderte vorher schon hatte der Prophet Jesaja geschrieben: »Das Wort unseres Gottes bleibt ewiglich.« Petrus führte diese Worte des Propheten noch viele Jahre nach der Bergpredigt an und fügte hinzu: »Das ist aber das Wort, welches unter euch verkündigt ist.« Jesaja 40,8; 1.Petrus 1,25 Das Wort Gottes ist der einzige Halt in dieser Welt. Es ist ein sicherer Grund. Jesus sagt davon: »Himmel und Erde werden vergehen; aber meine Worte werden nicht vergehen.« Matthäus 24,35

Die erhabenen Grundlagen des Gesetzes, die im Wesen Gottes offenbart sind, haben auch ihren Ausdruck in der Bergpredigt Christi gefunden. Wer darauf baut, baut auf Christus, den ewigen Fels. Wenn wir das Wort aufnehmen, nehmen wir Christus auf. Ja, nur wer so sein Wort aufnimmt, baut auch auf Ihn. »Einen andern Grund kann niemand legen außer dem, der gelegt ist, welcher ist Jesus Christus.« »In keinem andern ist das Heil, ist auch kein andrer Name unter dem Himmel den Menschen gegeben, darin wir sollen selig werden.« 1.Korinther 3,11; Apostelgeschichte 4,12

Christus, das Wort, die Offenbarung Gottes, die Verwirklichung seines Wesens, seines Gesetzes, seiner Liebe, seines Lebens, ist der einzige Grund, auf dem wir unsere Persönlichkeit aufbauen und unerschüttert bleiben können.

Wir bauen auf Christus, wenn wir seinem Wort folgen. Nicht der ist gerecht, der sich nur der Gerechtigkeit freut, sondern der sie übt. Heiligung ist nicht nur ein glückseliges

Gefühl; sie ist die Folge einer vollständigen Hingabe an Gott. Sie ist die Ausführung des Willens unseres Vaters im Himmel. Als die Kinder Israel sich an der Grenze des verheißenen Landes lagerten, genügte es ihnen nicht, Kunde von Kanaan zu haben oder Kanaans Lieder zu singen. Dadurch allein kamen sie nicht in den Besitz der Weinberge, Olivenhaine und Äcker. Die waren erst dann ihr Eigentum, als sie davon Besitz ergriffen und dazu mussten sie die Bedingungen erfüllen, indem sie lebendigen Glauben an Gott bekundeten, sich seine Verheißungen zu eigen machten und auch seinen Befehlen gehorchten.

Religion besteht darin, die Worte Christi zu erfüllen, aber nicht etwa, um damit Gottes Gnade zu verdienen; denn das ist unmöglich, weil wir die Gabe seiner Liebe empfangen haben. Christus macht die Seligkeit des Menschen nicht von seinem bloßen Bekenntnis, sondern von seinem Glauben abhängig, der in Werken der Gerechtigkeit seinen Ausdruck finden muss. Von den Nachfolgern Christi wird die Tat, nicht das Wort allein, erwartet. Durch die Tat baut sich die Persönlichkeit auf. »Welche der Geist Gottes treibt, die sind Gottes Kinder.« Römer 8,14 Nicht deren Herzen der Geist rührt, nicht die sich dann und wann von Ihm leiten lassen, sondern die der Geist Gottes treibt, die sind Kinder Gottes.

Hast du den Wunsch, ein Jünger Christi zu werden, und weißt nicht, wie du es beginnen sollst? Bist du in der Finsternis und kennst nicht den Weg zum Licht? Folge nur dem Licht, das du hast. Bestimme dein Herz zum Gehorsam gegen das, was dir aus dem Wort Gottes bekannt ist. Seine Kraft, ja sein Leben wohnt in diesem Wort. Wenn du das Wort im Glauben aufnimmst, erhältst du daraus

Kraft zum Gehorsam. Wenn du auf das Licht achtest, das du hast, wird dein Licht sich mehren. Du baust auf Gottes Wort und deine Persönlichkeit wird so nach dem Vorbild Christi gebaut.

Christus, der wahre Grund, ist ein lebendiger Stein. Sein Leben wird allen zuteil, die sich auf Ihn gründen. »Bauet auch ihr euch als lebendige Steine zum geistlichen Hause.« »Auf welchem der ganze Bau ineinander gefügt wächst zu einem heiligen Tempel in dem Herrn.« 1.Petrus 2,5; Epheser 2,21 Die Steine bilden mit dem Grund zusammen ein Gefüge; denn in allen webt das gleiche Leben. Kein Sturm kann diesen Bau erschüttern; denn alles, was göttlichen Lebens teilhaftig wird, überdauert damit das andere.

Jeder Bau aber, der einen anderen Grund hat als Gottes Wort, wird zusammenstürzen. Wer den Juden zur Zeit Christi gleich auf den Grund menschlicher Meinungen und Ansichten baut, sich auf Formen und Formeln menschlicher Herkunft verlässt oder auch auf Werke, die er ohne die Gnade Christi zu tun vermag, baut seine Persönlichkeit auf lockeren Sand. Die furchtbaren Wasser der Versuchung werden den Grund unterspülen und sein Haus wird als Wrack an den Strand der Zeit geschwemmt. »Darum spricht Gott der Herr: ... Ich will das Recht zur Richtschnur und die Gerechtigkeit zur Waage machen. So wird Hagel die falsche Zuflucht zerschlagen, und Wasser sollen den Schutz wegschwemmen.« Jesaja 28,16,17

Doch heute ist noch Barmherzigkeit für den Sünder vorhanden. »So wahr ich lebe, spricht Gott der Herr: ich habe kein Gefallen am Tode des Gottlosen, sondern dass der Gottlose umkehre von seinem Wege und lebe. So kehrt nun um von euren bösen Wegen. Warum wollt ihr sterben?« Hesekiel 33,11 Die Stimme, die noch heute zu den Unbußfertigen spricht, ist die Stimme dessen, der beim Anblick der geliebten Stadt in seinem Herzenskummer ausrief: »Jerusalem, Jerusalem, ... wie oft habe ich wollen deine Kinder versammeln, wie eine Henne ihr Nest unter ihre Flügel, und ihr habt nicht gewollt! Sehet, euer Haus soll euch wüste gelassen werden.« Lukas 13,34.35 Jerusalem war sinnbildlich für die Welt, die seine Gnade verwarf und verachtete. Er klagte, du trotziges Herz, auch über dich! Als Jesus auf dem Berg weinte, hätte die Stadt Jerusalem im Falle der Reue ihrem Untergang entgehen können. Ein wenig noch harrte die Gabe Gottes ihrer Annahme. Und so spricht Christus auch zu dir, o Mensch, im Tonfall der Liebe: »Siehe, ich stehe vor der Tür und klopfe an. So jemand meine Stimme hören wird und die Tür auftun, zu dem werde ich eingehen und das Abendmahl mit ihm halten und er mit mir.« »Jetzt ist die angenehme Zeit, jetzt ist der Tag des Heils!« Offenbarung 3,20; 2.Korinther 6,2

Die ihr eure Hoffnung auf euch selbst setzt, ihr baut auf Sand. Aber noch ist‘s nicht zu spät der nahenden Gefahr zu entrinnen. Fliehe auf den sicheren Grund, ehe der Sturm losbricht! So »spricht Gott der Herr: Siehe, ich lege in Zion einen Grundstein, einen bewährten Stein, einen kostbaren Eckstein, der fest gegründet ist.« »Wendet euch zu mir, so werdet ihr gerettet, aller Welt Enden.« »Fürchte dich nicht, ich bin mit dir, weiche nicht, denn ich bin dein Gott. Ich stärke dich, ich helfe dir auch, ich halte dich durch die rechte Hand meiner Gerechtigkeit.« Ihr werdet »nicht zuschanden noch zu Spott immer und ewiglich«. Jesaja 28,16; 45,17.22; 41,10; 45,17

ALS JESUS ABER DIE VOLKSMENGE SAH, STIEG ER AUF DEN BERG; UND ALS ER SICH SETZTE, TRATEN SEINE JÜNGER ZU IHM. UND ER TAT SEINEN MUND AUF ZU EINER REDE, LEHRTE SIE UND SPRACH:

DIE SELIGPREISUNGEN:

Glückselig sind die geistlich Armen, denn ihrer ist das Reich der Himmel! Glückselig sind die Trauernden, denn sie sollen getröstet werden! Glückselig sind die Sanftmütigen, denn sie werden das Land erben! Glückselig sind, die nach der Gerechtigkeit hungern und dürsten, denn sie sollen satt werden! Glückselig sind die Barmherzigen, denn sie werden Barmherzigkeit erlangen! Glückselig sind, die reinen Herzens sind, denn sie werden Gott schauen! Glückselig sind die Friedfertigen, denn sie werden Söhne Gottes heißen! Glückselig sind, die um der Gerechtigkeit willen verfolgt werden, denn ihrer ist das Reich der Himmel! Glückselig seid ihr, wenn sie euch schmähen und verfolgen und lügnerisch jegliches böse Wort gegen euch reden um meinetwillen! Freut euch und jubelt, denn euer Lohn ist groß im Himmel; denn ebenso haben sie die Propheten verfolgt, die vor euch gewesen sind.

SALZ UND LICHT:

Ihr seid das Salz der Erde. Wenn aber das Salz fade wird, womit soll es wieder salzig gemacht werden? Es taugt zu nichts mehr, als dass es hinausgeworfen und von den Leuten zertreten wird. Ihr seid das Licht der Welt. Es kann eine Stadt, die auf einem Berg liegt, nicht verborgen bleiben. Man zündet auch nicht ein Licht an und setzt es unter den Scheffel, sondern auf den Leuchter; so leuchtet es allen, die im Haus sind. So soll euer Licht leuchten vor den Leuten, dass sie eure guten Werke sehen und euren Vater im Himmel preisen.

DIE ERFÜLLUNG DES GESETZES:

Ihr sollt nicht meinen, dass ich gekommen sei, um das Gesetz oder die Propheten aufzulösen. Ich bin nicht gekommen, um aufzulösen, sondern um zu erfüllen! Denn wahrlich, ich sage euch: Bis Himmel und Erde vergangen sind, wird nicht ein Buchstabe noch ein einziges Strichlein vom Gesetz vergehen, bis alles geschehen ist. Wer nun eines von diesen kleinsten Geboten auflöst und die Leute so lehrt, der wird der Kleinste genannt werden im Reich der Himmel; wer sie aber tut und lehrt, der wird groß genannt werden im Reich der Himmel. Denn ich sage euch: Wenn eure Gerechtigkeit die der Schriftgelehrten und Pharisäer nicht weit übertrifft, so werdet ihr gar nicht in das Reich der Himmel eingehen!

VOM VERSÖHNEN:

Ihr habt gehört, dass zu den Alten gesagt ist: »Du sollst nicht töten!«, wer aber tötet, der wird dem Gericht verfallen sein. Ich aber sage euch: Jeder, der seinem Bruder ohne Ursache zürnt, wird dem Gericht verfallen sein. Wer aber zu seinem Bruder sagt: Raka!, der wird dem Hohen Rat verfallen sein. Wer aber sagt: Du Narr!, der wird dem höllischen Feuer verfallen sein. Wenn du nun deine Gabe zum Altar bringst und dich dort erinnerst, dass dein Bruder etwas gegen dich hat, so lass deine Gabe dort vor dem Altar und geh zuvor hin und versöhne dich mit deinem Bruder, und dann komm und opfere deine Gabe! Sei deinem Widersacher bald geneigt, während du noch mit ihm auf dem Weg bist, damit der Widersacher dich nicht etwa dem Richter ausliefert und der Richter dich dem Gerichtsdiener übergibt und du ins Gefängnis geworfen wirst. Wahrlich, ich sage dir: Du wirst von dort nicht herauskommen, bis du den letzten Groschen bezahlt hast!

VOM EHEBRECHEN:

Ihr habt gehört, dass zu den Alten gesagt ist: »Du sollst nicht ehebrechen!« Ich aber sage euch: Wer eine Frau ansieht, um sie zu begehren, der hat in seinem Herzen schon Ehebruch mit ihr begangen. Wenn dir aber dein rechtes Auge ein Anstoß [zur Sünde] wird, so reiß es aus und wirf es von dir! Denn es ist besser für dich, dass eines deiner Glieder verlorengeht, als dass dein ganzer Leib in die Hölle geworfen wird. Und wenn deine rechte Hand für dich ein Anstoß [zur Sünde] wird, so haue sie ab und wirf sie von dir! Denn es ist besser für dich, dass eines deiner Glieder verloren geht, als dass dein ganzer Leib in die Hölle geworfen wird. Es ist auch gesagt: »Wer sich von seiner Frau scheidet, der gebe ihr einen Scheidebrief«. Ich aber sage euch: Wer sich von seiner Frau scheidet, ausgenommen wegen Unzucht, der macht, dass sie die Ehe bricht. Und wer eine Geschiedene heiratet, der bricht die Ehe.

VOM SCHWÖREN UND VERGELTEN:

Wiederum habt ihr gehört, dass zu den Alten gesagt ist: »Du sollst nicht falsch schwören; du sollst aber dem Herrn deine Schwüre halten«. Ich aber sage euch, dass ihr überhaupt nicht schwören sollt, weder bei dem Himmel, denn er ist Gottes Thron, noch bei der Erde, denn sie ist der Schemel seiner Füße, noch bei Jerusalem, denn sie ist die Stadt des großen Königs. Auch bei deinem Haupt sollst du nicht schwören, denn du kannst kein einziges Haar weiß oder schwarz machen. Es sei aber eure Rede: Ja, ja! Nein, nein! Was darüber ist, das ist vom Bösen. Ihr habt gehört, dass gesagt ist: »Auge um Auge und Zahn um Zahn!« Ich aber sage euch: Ihr sollt dem Bösen nicht widerstehen; sondern wenn dich jemand auf deine rechte Backe schlägt, so biete ihm auch die andere dar; und dem, der mit dir vor Gericht gehen und dein Hemd nehmen will, dem lass auch den Mantel; und wenn dich jemand nötigt, eine Meile weit zu gehen, so geh mit ihm zwei. Gib dem, der dich bittet, und wende dich nicht ab von dem, der von dir borgen will!

LIEBE ZU DEN FEINDEN

Ihr habt gehört, dass gesagt ist: Du sollst deinen Nächsten lieben und deinen Feind hassen. Ich aber sage euch: Liebt eure Feinde, segnet, die euch fluchen, tut wohl denen, die euch hassen, und bittet für die, welche euch beleidigen und verfolgen, damit ihr Söhne eures Vaters im Himmel seid. Denn er lässt seine Sonne aufgehen über Böse und Gute und lässt es regnen über Gerechte und Ungerechte. Denn wenn ihr die liebt, die euch lieben, was habt ihr für einen Lohn? Tun nicht auch die Zöllner dasselbe? Und wenn ihr nur eure Brüder grüßt, was tut ihr Besonderes? Machen es nicht auch die Zöllner ebenso? Darum sollt ihr vollkommen sein, gleichwie euer Vater im Himmel vollkommen ist!

VOM ALMOSENGEBEN:

Habt acht, dass ihr eure Almosen nicht vor den Leuten gebt, um von ihnen gesehen zu werden; sonst habt ihr keinen Lohn bei eurem Vater im Himmel. Wenn du nun Almosen gibst, sollst du nicht vor dir her posaunen lassen, wie es die Heuchler in den Synagogen und auf den Gassen tun, um von den Leuten gepriesen zu werden. Wahrlich, ich sage euch: Sie haben ihren Lohn schon empfangen. Wenn du aber Almosen gibst, so soll deine linke Hand nicht wissen, was deine rechte tut, damit dein Almosen im Verborgenen ist. Und dein Vater, der ins Verborgene sieht, er wird es dir öffentlich vergelten.

VOM BETEN:

Und wenn du betest, sollst du nicht sein wie die Heuchler; denn sie stellen sich gern in den Synagogen und an den Straßenecken auf und beten, um von den Leuten bemerkt zu werden. Wahrlich, ich sage euch: Sie haben ihren Lohn schon empfangen. Du aber, wenn du betest, geh in dein Kämmerlein und schließe deine Türe zu und bete zu deinem Vater, der im Verborgenen ist; und dein Vater, der ins Verborgene sieht, wird es dir öffentlich vergelten. Und wenn ihr betet, sollt ihr nicht plappern wie die Heiden; denn sie meinen, sie werden erhört um ihrer vielen Worte willen. Darum sollt ihr ihnen nicht gleichen! Denn euer Vater weiß, was ihr benötigt, ehe ihr ihn bittet. Deshalb sollt ihr auf diese Weise beten: Unser Vater, der du bist im Himmel! Geheiligt werde dein Name. Dein Reich komme. Dein Wille geschehe, wie im Himmel, so auch auf Erden. Gib uns heute unser tägliches Brot. Und vergib uns unsere Schulden, wie auch wir vergeben unseren Schuldnern. Und führe uns nicht in Versuchung, sondern errette uns von dem Bösen. Denn dein ist das Reich und die Kraft und die Herrlichkeit in Ewigkeit! Amen. Denn wenn ihr den Menschen ihre Verfehlungen vergebt, so wird euer himmlischer Vater euch auch vergeben. Wenn ihr aber den Menschen ihre Verfehlungen nicht vergebt, so wird euch euer Vater eure Verfehlungen auch nicht vergeben.

VOM FASTEN:

Wenn ihr aber fastet, sollt ihr nicht finster dreinsehen wie die Heuchler; denn sie verstellen ihr Angesicht, damit es von den Leuten bemerkt wird, dass sie fasten. Wahrlich, ich sage euch: Sie haben ihren Lohn schon empfangen. Du aber, wenn du fastest, so salbe dein Haupt und wasche dein Angesicht, damit es nicht von den Leuten bemerkt wird, dass du fastest, sondern von deinem Vater, der im Verborgenen ist; und dein Vater, der ins Verborgene sieht, wird es dir öffentlich vergelten.

VOM SCHÄTZESAMMELN:

Ihr sollt euch nicht Schätze sammeln auf Erden, wo die Motten und der Rost sie fressen und wo die Diebe nachgraben und stehlen. Sammelt euch vielmehr Schätze im Himmel, wo weder die Motten noch der Rost sie fressen und wo die Diebe nicht nachgraben und stehlen! Denn wo euer Schatz ist, da wird auch euer Herz sein. Das Auge ist die Leuchte des Leibes. Wenn nun dein Auge lauter ist, so wird dein ganzer Leib licht sein. Wenn aber dein Auge verdorben ist, so wird dein ganzer Leib finster sein. Wenn nun das Licht in dir Finsternis ist, wie groß wird dann die Finsternis sein! Niemand kann zwei Herren dienen, denn entweder wird er den einen hassen und den anderen lieben, oder er wird dem einen anhängen und den anderen verachten. Ihr könnt nicht Gott dienen und dem Mammon!

VOM UNNÜTZEN SORGEN:

Darum sage ich euch: Sorgt euch nicht um euer Leben, was ihr essen und was ihr trinken sollt, noch um euren Leib, was ihr anziehen sollt! Ist nicht das Leben mehr als die Speise und der Leib mehr als die Kleidung? Seht die Vögel des Himmels an: Sie säen nicht und ernten nicht, sie sammeln auch nicht in die Scheunen, und euer himmlischer Vater ernährt sie doch. Seid ihr nicht viel mehr wert als sie? Wer aber von euch kann durch sein Sorgen zu seiner Lebenslänge eine einzige Elle hinzusetzen? Und warum sorgt ihr euch um die Kleidung? Betrachtet die Lilien des Feldes, wie sie wachsen! Sie mühen sich nicht und spinnen nicht; ich sage euch aber, dass auch Salomo in all seiner Herrlichkeit nicht gekleidet gewesen ist wie eine von ihnen. Wenn nun Gott das Gras des Feldes, das heute steht und morgen in den Ofen geworfen wird, so kleidet, wird er das nicht viel mehr euch tun, ihr Kleingläubigen? Darum sollt ihr nicht sorgen und sagen: Was werden wir essen? oder: Was werden wir trinken? oder: Womit werden wir uns kleiden? Denn nach allen diesen Dingen trachten die Heiden, aber euer himmlischer Vater weiß, dass ihr das alles benötigt. Trachtet vielmehr zuerst nach dem Reich Gottes und nach seiner Gerechtigkeit, so wird euch dies alles hinzugefügt werden! Darum sollt ihr euch nicht sorgen um den morgigen Tag; denn der morgige Tag wird für das Seine sorgen. Jedem Tag genügt seine eigene Plage.

VOM RICHTGEIST:

Richtet nicht, damit ihr nicht gerichtet werdet! Denn mit demselben Gericht, mit dem ihr richtet, werdet ihr gerichtet werden; und mit demselben Maß, mit dem ihr [anderen] zumesst, wird auch euch zugemessen werden. Was siehst du aber den Splitter im Auge deines Bruders, und den Balken in deinem Auge bemerkst du nicht? Oder wie kannst du zu deinem Bruder sagen: Halt, ich will den Splitter aus deinem Auge ziehen! – und siehe, der Balken ist in deinem Auge? Du Heuchler, zieh zuerst den Balken aus deinem Auge, und dann wirst du klar sehen, um den Splitter aus dem Auge deines Bruders zu ziehen! Gebt das Heilige nicht den Hunden und werft eure Perlen nicht vor die Säue, damit diese sie nicht mit ihren Füßen zertreten und [jene] sich nicht umwenden und euch zerreißen.

ERMUTIGUNG ZUM GEBET:

Bittet, so wird euch gegeben; sucht, so werdet ihr finden; klopft an, so wird euch aufgetan! Denn jeder, der bittet, empfängt; und wer sucht, der findet; und wer anklopft, dem wird aufgetan. Oder ist unter euch ein Mensch, der, wenn sein Sohn ihn um Brot bittet, ihm einen Stein gibt, und, wenn er um einen Fisch bittet, ihm eine Schlange gibt? Wenn nun ihr, die ihr böse seid, euren Kindern gute Gaben zu geben versteht, wieviel mehr wird euer Vater im Himmel denen Gutes geben, die ihn bitten!

VOM TUN DES GÖTTLICHEN WILLENS:

Alles nun, was ihr wollt, dass die Leute euch tun sollen, das tut auch ihr ihnen ebenso; denn dies ist das Gesetz und die Propheten. Geht ein durch die enge Pforte! Denn die Pforte ist weit und der Weg ist breit, der ins Verderben führt; und viele sind es, die da hinein gehen. Denn die Pforte ist eng und der Weg ist schmal, der zum Leben führt; und wenige sind es, die ihn finden.

WARNUNG VOR FALSCHEN PROPHETEN:

Hütet euch aber vor den falschen Propheten, die in Schafskleidern zu euch kommen, inwendig aber reißende Wölfe sind! An ihren Früchten werdet ihr sie erkennen. Sammelt man auch Trauben von Dornen, oder Feigen von Disteln? So bringt jeder gute Baum gute Früchte, der schlechte Baum aber bringt schlechte Früchte. Ein guter Baum kann keine schlechten Früchte bringen, und ein schlechter Baum kann keine guten Früchte bringen. Jeder Baum, der keine gute Frucht bringt, wird abgehauen und ins Feuer geworfen. Darum werdet ihr sie an ihren Früchten erkennen. Nicht jeder, der zu mir sagt: Herr, Herr! wird in das Reich der Himmel eingehen, sondern wer den Willen meines Vaters im Himmel tut. Viele werden an jenem Tag zu mir sagen: Herr, Herr, haben wir nicht in deinem Namen geweissagt und in deinem Namen Dämonen ausgetrieben und in deinem Namen viele Wundertaten vollbracht? Und dann werde ich ihnen bezeugen: Ich habe euch nie gekannt; weicht von mir, ihr Gesetzlosen!

VOM HAUSBAU:

Ein jeder nun, der diese meine Worte hört und sie tut, den will ich mit einem klugen Mann vergleichen, der sein Haus auf den Felsen baute. Als nun der Platzregen fiel und die Wasserströme kamen und die Winde stürmten und an dieses Haus stießen, fiel es nicht; denn es war auf den Felsen gegründet. Und jeder, der diese meine Worte hört und sie nicht tut, wird einem törichten Mann gleich sein, der sein Haus auf den Sand baute. Als nun der Platzregen fiel und die Wasserströme kamen und die Winde stürmten und an dieses Haus stießen, da stürzte es ein, und sein Einsturz war gewaltig. Und es geschah, als Jesus diese Worte beendet hatte, erstaunte die Volksmenge über seine Lehre, denn er lehrte sie wie einer, der Vollmacht hat, und nicht wie die Schriftgelehrten.